JN096648

金融時事用語集

2022年版（第33版）

金融ジャーナル社

刊行にあたって

　金融を取り巻く環境は急激に変化しており、目が離せません。とりわけ、2021年はコロナ禍が続いたほか、デジタル化の進展やサステナブルファイナンスの拡大に伴い、新たな用語が誕生しました。それらを理解する一助として、「2022年版金融時事用語集」では約200項目の用語を厳選し、大学や研究機関の専門家にご協力頂き、時事的に解説しました。

　本書は1990年版の創刊以来33版目となりますが、今年も新規項目の入れ替えと既存項目の見直しを図りました。冒頭の「2022年のトピックス10」では「コロナ禍と企業支援」「マネーロンダリング対策」「サステナブルファイナンス 世界的に拡大」「金融庁・日銀、検査考査一体化」などをテーマに解説しています。2022年の金融・経済を理解するためのお役に立てればと思います。

　旧版の内容を見直した結果、削除・統合した項目もありますので、巻末の「整理・削除項目」をご参照頂き、過年度版も合わせてご利用頂ければ幸いです。

2021年12月

金融ジャーナル社

●執筆陣

本書は、下記の機関で活躍されている皆様のご協力を頂き、編集部の責任でまとめました。

アビームコンサルティング、エヌエヌ生命、青山財産ネットワークス、金融ビジネスアンドテクノロジー、金融経営研究所、しんきん成年後見サポート、全国銀行協会、センスクリエイト総合研究所、太陽有限責任監査法人、大和総研、ちばぎん総合研究所、ナッジ、ニッセイ基礎研究所、日本金融監査協会、日本政策投資銀行、ネクスキャット、ピジョン、マリブジャパン、三菱UFJリサーチ&コンサルティング、三宅経営コンサルティング事務所、モルガン・スタンレーMUFG証券、有限責任あずさ監査法人、ワーク・ライフバランス、A.T.カーニー、BRABEYELL、EYストラテジー・アンド・コンサルティング、Fintech協会、NTTデータ経営研究所、PwCアドバイザリー合同会社、PwC Strategy&、Ridgelinez

大学教授（所属）

遠藤正之（静岡大学）、大槻奈那（名古屋商科大学）、栗原裕（愛知大学）、小早川周司（明治大学）、寺林暁良（北星学園大学）、永野護（成蹊大学）、中野瑞彦（桃山学院大学）、西山巨章（大正大学）、原田喜美枝（中央大学）、播磨谷浩三（立命館大学）、平田英明（法政大学）、堀江康熙（関西外国語大学）、益田安良（東洋大学）、三村聡（岡山大学）、三和裕美子（明治大学）、家森信善（神戸大学）

（敬称略）

CONTENTS

IV 脱炭素・サステナビリティ 179

V 高齢化 193

VI 働き方 207

●キーワード索引

〈凡例〉
①索引配列は、五十音順、アルファベット順。
②索引の→印は、同義語もしくは関連項目、参照項目を示す。
③用語解説本文中の**ゴシック文字**は、他ページに解説、関連項目があるもの。

15

さ 行

た 行

な 行

は 行

2022年版の新規掲載項目

　　毎年、項目を洗い替えて、タイムリーな用語の掲載に努めています。
2022年版の主な新規、見直し項目は下記の通りです。

【DX・フィンテック】
エンベデッドファイナンス
大阪デジタルエクスチェンジ
クラウドファンディング
デジタルバンク、DX
電子署名、脱ハンコ
フォレンジック
レグテック
BNPL（後払い決済サービス）
ITパスポート
NFT
STO
グローバル・ステーブル・コイン

【業務、商品・サービス】
金融サービス仲介業
ゼロゼロ融資（実質無利子・無担保融資）
地域企業幹部人材紹介
伴走支援型特別保証
ファミリービジネス支援
マイナンバー活用
ITコンサルティング

【経営、市場】
企業版ふるさと納税
銀行法改正・業務範囲規制緩和
女性の登用・活躍推進
成年年齢引き下げ
単独型持ち株会社
中国、不動産バブル問題
ファミリーオフィス
フォワードルッキング引当金

FRBによるテーパリング
LGBTsと金融
LIBOR廃止の影響
SPAC

【脱炭素・サステナビリティ】
インパクト投資
気候変動リスク・機会
サステナビリティ・リンク・ローン
トランジション・ファイナンス
GX（グリーントランスフォーメーション）

【高齢化】
成年後見制度・しんきん成年後見サポート

【働き方】
エンゲージメント醸成
出生時育児休業制度
心理的安全性
リカレント教育
ワーケーション
FIRE

【金融行政・政策】
異次元緩和と金融正常化
気候変動対応オペ
経済価値ベースのソルベンシー規制
ちいきん会、地域ダイアログ
統合特例法
特別当座預金制度
包括的担保法制

2022年のトピックス10

コロナ禍では、大規模な財政・金融支援が行われた。
2022年はウィズ・コロナでの企業支援策に注目が集まる
（写真は岸田 文雄・内閣総理大臣）

世界的な潮流であるサステナブル金融、検査・考査一体
化など金融行政の舵取りも重要性が増している（写真は
中島 淳一・金融庁長官）

コロナ禍と企業支援

新型コロナウイルスの感染拡大を受け、政府・日本銀行は財政・金融の両面から様々な企業支援措置を講じてきた。今後は、日本経済の持続的な成長に資するような施策を実施していくことが重要である。

コロナ禍をきっかけとして、政府と**日本銀行**は様々な企業支援策を実施している。その特徴は以下になる。

1. 財政面からみた企業支援

まず、財政支援についてみると、これまでは緊急事態宣言または、まん延防止等重点措置に伴う休業や営業時間短縮等の要請に応じた事業者に対して、協力金や支援金を支給するといった対策が主眼であった。

具体的には、休業要請等に応じた飲食店や売り上げ減少に直面した酒類販売事業者への支援のほか、中止を余儀なくされた公演や展示・展覧会、スポーツイベント等の事業者に対する支援などがある。

このほか、売り上げの減少に伴う資金繰りを支援するため、日本政策金融公庫等を通じて、3年間無利子、最長5年間元本据置といった実質無利子・無担保の融資制度が導入されている。いずれの支援策もコロナ禍の影響を緩和する狙いから導入されたものである。

先行きを見据えた支援策も拡充されてきている。コロナ禍への対応という面では、感染防止対策を講じる小規模事業者や、高機能の換気・空調設備を導入する中小企業等に対する支援策が講じられている。

加えて、新しい事業分野への展開や業態を転換して事業の立て直しに取り組む事業者に対する補助金が制度化されているほか、観光拠点を再生したり、地域の魅力を高めた

りするような取り組みを通じて収益力を強化しようとする事業者への支援制度なども講じられている。

このように、コロナ禍の事業経営への下押し圧力を軽減するような措置から、最近では感染症への対応をしっかりと進めることをサポートするような取り組みや、ポストコロナをにらみつつ事業の再構築や地域再生をサポートするような取り組みに徐々に移行しつつある。

2. 金融面から見た企業支援

次に、金融政策の観点からみると、日銀では、新型コロナへの対応という意味では、円貨及び外貨を潤沢かつ弾力的に供給することによって金融市場の安定を確保すると共に、ETF及びJ-REITを買い入れ、企業や家計のコンフィデンスの悪化を防止し前向きな経済活動を支援するような措置を講じている。

加えて、中小企業等の資金繰りを支援するための「新型コロナ対応資金繰り支援特別プログラム」を実施している。これは、約20兆円を上限として社債やCP等の民間債務を買い入れると共に、新型コロナ対応として行われている中小企業等への融資をバックファイナンスする資金供給オペレーションによって構成されるものである。

2021年6月には、新型コロナ対応資金繰り支援特別プログラムを、2022年3月末まで延長することが決定された。今後もこのプログラムの下で、企業の資金繰りをしっかりとサポートしていくこととされている。

コロナ禍が完全に収束するまでには依然として大きな不確実性が残されているが、政府と日本銀行は財政・金融面から企業支援を継続すると共に、やや長い目でみて日本経済の持続的な成長に資するような施策を拡充していくことが重要である。

マネーロンダリング対策

2 021年8月のFATF第4次対日審査では、前回と変わらず、「改善点が残る」との評価であった。特に収益悪化に苦しむ中小金融機関にとって、この対応には事業構造改革と並行した取り組みが求められる。

マネーロンダリング・テロ対策を多国間で相互審査する金融活動作業部会(FATF)は、2021年8月に第4次対日審査結果を公表し、日本を3段階評価のうち、2番目の「重点フォローアップ国」に区分した。

「重点フォローアップ国」とは、「多くの改善点が残る」という評価で、米国・中国などと同区分である。日本は、2008年の第3次審査結果も同様の評価であった。

金融機関に対する主な指摘事項は、①地方銀行・信用金庫等の中小規模金融機関は当該取り組みに対する理解・対応が不十分 ②金融機関による継続的顧客管理・取引管理が不十分(法人口座の実質的利用者が判断できていない等)

の2点にある。

政府は、この指摘を受けて、関係省庁間での連携を密にするために、警察庁・**財務省**を共同議長とする「マネロン・テロ資金供与・拡散金融対策政策会議」を設置するとともに、今後3年間の行動計画を策定された。今後、行動計画を踏まえ、取り組みの進捗を定期的にフォローアップしていくとしている。

金融界では、関係組織と連携しながら、マネロン対策に係る仕組み構築の動きを活発化させている。**金融庁**は、複数の金融機関で不正送金を共同監視する検討を始めている。有識者を交えた作業部会をすでに立ち上げており、2021年中に具体的な方向性を定める

予定である。必要な法整備も並行して検討を進めている。

また、2024年までに共同システムの実用化も目指している。全国銀行協会も民間企業と連携しながら共同監視システムの実証実験を進めている。単独では対応困難な中小金融機関を中心に、活用を促していくと考えられる。

顧客データを保有する他業界との連携をして、監視を強化する動きも進みつつある。例えば、電力会社と連携して口座住所の電力利用状況から所在確認を行うことが検討されている。もし、所存確認できない場合には監視対象にすることもできる。

FATFの対日審査結果は、日本金融界の構造的課題や過去の慣例が背景に存在している。多くの地方金融機関は、超低金利環境の長期化と地方経済の停滞に起因して、収益性が悪化している。取引量が少ない海外取引の監視には十分なリソースを充当できていない

のが実情だ。

また、元来、日本は他国に比べて口座開設が容易な上、一般的に口座管理手数料等も徴収してこなかった。監視に必要な仕組みを構築できていないのも現実である。

リソースが限られる中小金融機関では、単にマネロン対策を追加するのではなく、商品・サービスの見直しも含めて対応策を検討することになるであろう。例えば、口座開設数の絞り込み、海外送金の条件厳格化またはサービス停止、その他関連サービスの有料化等が想像される。

一方で、マネロン対策に必要なコスト・不便性を、単純に顧客に転嫁するだけでは、社会から理解を得ることは難しい。自己の経営改革を並行して進める必要がある。

FATFの対日審査結果は、は人口減少やデジタライゼーションに並んで、金融機関の構造改革を推し進める契機になるだろう。

サステナブルファイナンス 世界的に拡大

サステナブルファイナンスは、環境・社会課題の解決を金融面から後押しするもので、持続可能な社会への関心が高まる中、世界的に拡大が続いており、そのファイナンス類型も多様化してきている。

2015年のSDGs採択、パリ協定締結等、SDGs・気候変動が重要テーマになる中、企業の資金調達においては、サステナブルファイナンスの活用が広がりをみせている。

サステナブルファイナンスは、環境・社会課題の解決に資するプロジェクトを適格資産とした「資金使途限定型」とサステナビリティ経営への取り組みを評価対象とする「資金使途非限定型」に大別される。債券は国際資本市場協会（ICMA）、ローンはLMA（Loan Market Association）等が策定した原則を参照して組成されることが主流である。

足もとでは、「資金使途限定型」として、環境課題に対応するプロジェクトを使途とする「グリーンローン/ボンド」、社会的課題の解決に資するプロジェクトを使途とする「ソーシャルローン/ボンド」、環境課題と社会課題の双方に係るプロジェクトを使途とする「サステナビリティローン/ボンド」がある。「資金使途非限定型」としては、企業のサステナビリティ・パフォーマンスの向上と調達条件を連動させる「サステナビリティ・リンク・ローン/ボンド」等がある。

サステナブルファイナンスでの資金調達は、世界規模で増加の一途をたどっており、2021年6月時点で累計発行額は債券・ローン合わせて3兆ドルを超えた（Bloomberg NEF）。黎明期においてはグリーンフ

ファイナンスの発行額が大宗を占めたものの、2016年以降は、ソーシャルボンド原則の策定や、足元の新型コロナウイルス対応によるソーシャル課題へ問題意識が高まりなどを背景に、「ソーシャル・サステナビリティボンド/ローン」のシェアが増加基調にある。また、2020年にはサステナビリティ・リンク・ボンド原則が公表されたことにより、「サステナビリティ・リンク・ボンド/ローン」の発行も増加している。

日本市場においてもサステナブルファイナンスでの資金調達は増加している。特に「サステナビリティ・リンク・ローン」については、地方金融機関を中心に取り組みのすそ野が広がっている。

また、直近では、これらのファイナンスに加え、脱炭素にむけた企業戦略を評価する「**トランジション・ファイナンス**」の活用もみられはじめている。ICMAによる2020年

12月のトランジション・ファイナンス・ハンドブック公表をはじめ、利用に向けた整備が進んでおり、本邦においては各産業別の業種別ロードマップの策定と合わせて、概念の浸透が図られているところにある。

今後もサステナブルファイナンスでの調達は増加することが予想されるが、引き続き、グリーンウォッシングの防止には配意する必要がある。サステナブルファイナンスの各種原則においても、フレームワーク策定を促したり、KPIの第三者検証を義務化するなど、透明性を強化する動きがみられている。

なお、サステナブルファイナンスは、ファイナンスを組成することを目的とするのではなく、サステナブルファイナンスを契機とした企業のサステナビリティ経営の向上を通じ、世界規模の環境・社会課題の解決を目指していくことに真価がある。

金融庁・日銀、検査考査一体化

　自民党の金融調査会等は、2020年10月、金融庁検査と日本銀行考査の縦割り・二重対応の打破のために、一体的運用を提言した。これを受けて、金融庁と日本銀行は、検査・考査の連携強化を打ち出している。

1. 自民党の提言

　2020年10月、自民党の金融調査会及び財務金融部会は、「**金融庁**と**日本銀行**の縦割り打破（金融庁検査と日本銀行考査の一体的運用について）」を公表した。

　金融庁の検査は、銀行法などの法律に基づき行われている。その目的には、法令遵守のほかに、金融システムの安定、金融仲介機能の発揮、利用者利便・保護等の観点も含んでいる。一方、日銀の考査は、日銀と民間金融機関との考査契約に基づき行われている。日銀の考査は、金融・決済システムの安定のために、「最後の貸し手」である日銀が金融機関の経営状況を知り、必要に応じて流動性供給など

の措置を講じることを背景にしている。このように、金融庁の検査と日銀の考査は、それぞれ立場や目的が異なるものの、検査・考査を受ける金融機関の側では、以前から同様なものが重複して実施される負担への不満があった。

　自民党の提言は、金融庁の検査と日銀の考査の組織的な統合までを求めたものではない。データの一元化や対象先を調整する仕組みの構築など、重複を排除した一体的な運用により、質の高いモニタリングの実施を求めるものであった。

　具体的には、金融庁検査・日銀考査の連携と分担が求められた。「検査・考査連携会議」を設置し、あらかじめ検

査・考査計画を調整すること
や（金融機関の同意を得た）
検査・考査の結果の共有とと
もに、重要課題での実態把握
に関する検査・考査の分担が
提言された。

　また、データの一元化につ
いて、金融機関が金融庁と日
銀に同時に提出できる「共同
データプラットフォーム」を
構築すること、また、そのプ
ラットフォームでは、定めら
れた計表に加工・入力させる
ことなく、直接、金融機関の
システムから取得できるもの
が望ましい、とされた。

2. 金融庁と日銀の対応

　金融庁と日本銀行では、こ
れまでも検査・考査の実施に
おいて調整・協力を進めてき
ていた部分はあったが、提言
を受け、2020年11月に、「金融
庁検査・日本銀行考査の連携
強化に向けたタスクフォース」
を設置し、具体的な検討を進
めた。その上で、2021年3月に
は、「金融庁・日本銀行のさら

なる連携強化に向けた取り組
み」を公表した。その中では、
モニタリングに関し、2020年
12月に設置した検査・考査連
携会議のもとで、検査・考査
の計画の調整や重点テーマの
擦り合わせを行うこととし
た。また、検査・考査結果に
関する情報共有の枠組み整備
やリモート手法の積極的な活
用を掲げた。さらに、共通テー
マに関するヒアリングや資
料徴求共同実施、重要なテー
マに関する共同調査の拡充、
考査提出資料を合理化するこ
とを示した。データの一元化
では、計表等の統合・廃止に
向けた取り組みの継続ととも
に、将来的な課題として、よ
り効率的なデータ収集・共有
のために、共同データプラッ
トフォームの構築に向けた共
同研究を開始している。

　自民党の金融調査会は、
2021年5月における政策提言
の中で、金融庁と日銀の以上
の対応が提言の成果であると
している。

東証、新市場誕生の影響

上場会社の持続的な成長と中長期的な企業価値向上を支え、国内外の多様な投資者からより高い支持を得るために、東京証券取引所は5つある市場区分を、2022年4月からプライム、スタンダード、グロースの3市場へ再編する。

2013年1月、東京証券取引所グループと大阪証券取引所の経営統合による日本取引所グループの発足を受け、同年7月に両取引所の現物市場が統合された。混乱を避けるため、従来の市場区分は維持され、東証は、市場第一部、市場第二部、マザーズ、JASDAQ（スタンダード及びグロース）の5つの市場を運営してきた。

統合から5年が経過し、①各市場のコンセプトが曖昧なこと②上場企業の持続的な企業価値向上に向けた動機付けに乏しいこと③「TOPIX（東証株価指数）＝市場第一部」であり、投資対象としての機能性を備えていないこと、といった市場構造や関連する上場制度の改善の必要性の声が内外

で高まったことを受け、東証は2018年10月、市場構造のあり方の総合的な見直しに着手、2020年2月には3つの新市場区分の概要、TOPIXの見直しなどを発表した。

3つの新市場区分は、①多くの機関投資家の投資対象になり得る規模の時価総額（流動性）を持ち、より高いガバナンス水準を備え、投資家との建設的な対話を中心に据えて持続的な成長を図る企業が上場するプライム市場②公開された市場における投資対象として一定の時価総額（流動性）を持ち、上場企業としての基本的なガバナンス水準を備える企業が上場するスタンダード市場③高い成長可能性を実現するための事業計画及びその

進捗の適時・適切な開示が行われ一定の市場評価が得られる一方、事業実績の観点から相対的にリスクが高い企業が上場するグロース市場、である。

各市場区分において、時価総額（流動性）やコーポレートガバナンス（CG）に関する基準の他、各市場区分のコンセプトを反映した基準が設けられる。

各市場区分の新規上場基準と上場維持基準は、原則共通化される。上場会社は、新市場を主体的に選択するが、市場区分の上場維持基準を満たしていない場合でも、新市場区分の上場維持基準適合に向けた計画を提出・開示することで、当面は選択した市場に移行できる経過措置が適用される。

プライム市場の上場会社は、流通株式比率35％以上、流通株式時価総額100億円以上などが求められるが、2020年7月時点で東証1部上場企業の約3割にあたる664社がプライムの基準に該当していないことが明らかになった。

基準を満たさない企業は、親会社や創業家による保有株の売却、取引先や銀行との株式持ち合いの解消、自社株買いや増配を通じた株主還元の強化などの資本政策の実行を迫られている。

新市場区分への移行前営業日（2022年4月1日）時点のTOPIX構成銘柄は、選択する市場にかかわらず継続してTOPIX構成銘柄となる。ただし、流通株式時価総額100億円未満の企業は「段階的ウエイト低減銘柄」に指定され、2025年1月末までに構成比率が徐々に下がる予定。

また、プライム市場の上場会社は、独立社外取締役の3分の1以上の選任や、TCFD又はそれと同等の国際的枠組みに基づく気候変動の影響の開示充実など、より高い水準でCGコードに対応することが期待されている。

新たな上場維持基準や、CGコードの改訂に伴う実務対応を通じて、企業のさらなる経営改善が期待される。

地域銀行の再編、新連携

地域銀行の経営環境が厳しくなる中で、金融庁や日本銀行の政策的な後押しもあり、地域銀行の再編の動きが活発化している。また、地域銀行同士の包括的業務提携や異業種との提携なども増え、連携方法も多様となっている。

1. 地域銀行の再編の広がり

地域経済が縮小する中で、単独では十分な規模を維持できず、地域内での競争によって共倒れになることが懸念されるようになった。再編が進まなかった地方銀行も含めて、経営統合の動きが見られるようになってきた。

2020年に徳島大正銀行や十八親和銀行が、2021年には第四北越銀行や三十三銀行が合併によって誕生し、また、2021年に福井銀行が福邦銀行を子会社化した。さらに、青森銀行とみちのく銀行の2022年の持ち株会社による経営統合（2024年に合併を計画）、フィデアホールディングスによる東北銀行の子会社化などが発表されている。

2. 政府による積極的な後押し

従来、政府は再編は銀行の経営基盤の強化の有力な方法であるが、最終的には銀行の自主的な経営判断次第だというスタンスをとっていた。しかし、近年、再編を後押しするように、①独占禁止法の特例法（**統合特例法**）②金融機能強化法改正による**資金交付制度** ③**日本銀行**の「**地域金融強化のための特別当座預金制度**」、などを用意してきた。

3. アライアンスの広がり

経営統合には非常に大きなコストがかかる上、広域型の経営統合の場合には地元との関係が希薄化する心配がある。逆に同一地域内での経営統合の場合には、2020年の統

合特例法によって緩和されたとはいえ、地域内での独占の弊害への当局の心配から、円滑に経営統合が進まない恐れがある。こうしたことから、組織再編を伴わないで、経営統合と同等のメリットを享受する様々な包括的業務提携（アライアンス）が広がっている。

経営統合に比べて、重複店舗の整理などのコスト削減効果は小さいが、組織上の摩擦は少なく、経営の自由度を維持できることに加え、単独では難しかったサービスの提供やコストの削減が可能になるなど、メリットも多い。

代表的なものが、2015年発足のTSUBASAアライアンスである。2015年に千葉銀行や中国銀行などの3行で始まったが、徐々に参加銀行が増え、2020年12月に群馬銀行が参加し、全国的な11行のグループになっている。各行の独立性を維持しながら、ITを使った金融商品の開発、事務・システムの共通化によるコスト削減、シンジケートローンの共同組成を実現している。

横浜銀行と千葉銀行、静岡銀行と山梨中央銀行、琉球銀行と沖縄銀行など、2行間でのアライアンスも増えている。**事業承継**やビジネスマッチング、海外進出支援などでの協力が進められている。

注目されるのがSBIホールディングスである。同社は2019年の島根銀行への資本参加を皮切りにして、福島銀行、筑邦銀行、清水銀行、筑波銀行などとのアライアンスを拡大している。SBIの優れた商品やノウハウを地域銀行に提供することで地域銀行の競争力を高める戦略が一定の成果をあげている。

4. 再編・提携の成功に向けて

地銀の再編や提携は多様化しているが、それ自体が目的ではない。顧客支援力を高め、銀行自身の企業価値を向上させることが重要である。

デジタル給与払い解禁

デジタル給与払いとは、給与を現金払い、銀行・証券口座振り込みではなく資金移動業者（○○ペイ等）のアカウントにデジタルマネーで直接送金する仕組み。解禁により、決済の利便性向上やキャッシュレス決済比率向上が期待される。

デジタル給与払いとは、銀行口座を経由せずに、給与を直接資金移動業者（○○ペイ等）のアカウントにデジタルマネーで振り込む仕組みである。2021年度中の解禁に向けた議論がなされている。

デジタル給与払い解禁の機運が高まってきた背景には、①社会的ニーズ ②資金移動業者ニーズ ③利用者ニーズのそれぞれの高まりがある。社会的ニーズとは、「デジタル給与払いの解禁によるキャッシュレス決済比率の増加」「現状の現金取扱業務のコスト削減等による、金融機関や小売事業者の収益性（生産性）向上」等である。資金移動業者のニーズとは、「手数料負担の軽減（現在、利用者のアカ

ウントへのチャージや出金の手数料は資金移動業者側の負担になっている。デジタル給与払いの解禁によって、ユーザー自身によるチャージの機会が減るため、資金移動業者の手数料負担が軽減される）」等である。消費者ニーズとは、「オンライン決済・海外送金の利便性向上（銀行を介する必要がなくなる）」「銀行口座開設が困難な外国人労働者の現金以外での給与受取」等である。

給与とは本来、労働基準法第24条において定められた「賃金支払の五原則（①通貨で ②直接労働者に ③全額を ④毎月1回以上 ⑤一定の期日を定めて支払わなければならない）」に基づいて支払われな

ければならない。ただし、特定の条件下では銀行口座や証券会社の総合口座への振り込みも認められている。デジタル給与払いの実現に向けて、まずは「スマートフォン内のウォレットや資金移動業者のアカウントにデジタルマネーで賃金を支払う」事を認めるよう改正する必要がある。

一方で、実際の導入に向けて課題も残っている。労働者保護の観点から、「資金保全」「不正引き出し等への対応」「個人情報の取扱」「換金性」「労働者の同意」「企業の賃金支払い事務」等が考えられている。特に「資金保全」については大きな課題になる。銀行口座であれば、預金保険制度により、銀行が破綻した場合でも預金者1人あたり最大1,000万円までの預金と破綻日までの利息が保証されている。しかし、資金移動業者の場合は、破綻時の「保証金額」や「破綻から払い戻しまでの手順や期間」等は現状、制度

的な手当てが無い。2021年度中の解禁に向けて、これらの課題解決が求められている。

デジタル給与払いの解禁は、金融機関、特に銀行への影響が懸念される。銀行のリテールビジネスは、預金者の日々の振り込みや引き出し、引き落しによる手数料や、住宅ローン等の提供による金利を主な収益源としている（昨今では、投資商品の販売手数料も収益の一部を担っている）。このビジネスモデルにおいては、日常的に利用する口座に選ばれ、預金者のお金の流れのハブになる事が重要である。そのため、給与口座に指定されることは大きな意味を持つ。デジタル給与払いが解禁された場合、給与口座に指定されるための競合環境の激化が想定される。今後は、消費者から給与口座として選ばれ続けるために、資金移動業者とは異なる便益を訴求するようなサービスを検討・実施していくことが必要となってくる。

中央銀行デジタル通貨（CBDC）の行方

中央銀行デジタル通貨（CBDC）を巡る動きが慌ただしい。Facebookのリブラ（現ディエム）やデジタル人民元の発行計画に刺激されて、主要中銀でも検討が始まったが、近い将来に発行に踏み切る可能性はまずないとみられる。

中央銀行（以下中銀）が発行するデジタル通貨（CBDC: Central Bank Digital Currency）のうち、現金と同様に誰でも利用できる一般型CBDCに関する中銀のスタンスは、2020年以降大きく変化し、中銀全体としては、以前に比べて発行に前向きになった。その背景としては、2019年6月にFacebookが公表した、デジタル通貨のリブラ（現ディエム）の発行計画と、デジタル人民元の発行が間近に迫っているという中国の動きが、大きな衝撃となったことが挙げられる。

とは言っても、個別の中銀のCBDCに対する取り組みには、かなりの温度差がある。既にCBDCの発行を始めたのは、2020年10月のバハマ中銀（サンドドル）、カンボジア中銀（バコン）と2021年3月の東カリブ中銀（DCash）という発展途上国の中銀だが、その主たる狙いは、**金融包摂（financial inclusion）**、すなわち、従来金融サービスを利用できなかった層に、金融サービスへのアクセスを可能にすることである。

中国のデジタル人民元（e-CNY）については、2020年4月に国内4都市で試験発行を始め、冬季北京五輪（2022年2月）会場でも試験発行を予定するなど、取り組みを加速している。その目的としては、Alibabaなどの巨大IT企業への牽制や、**マネーロンダリングや脱税防止のための当局による取引情報・データの把握**などが

挙げられている。

　一方、先進国では、CBDCの発行を正式に決定した中銀はまだ無い。スウェーデンは、現金流通高の急速な減少を背景に、既に2017年からCBDC（e-クローナ）に関する調査を開始し、2020年2月にはパイロット実験を開始したが、発行の是非に関しては、いまだ結論を出していない。

　日米欧中銀の中では、**ECB（欧州中央銀行）**が比較的前向きにみえる。2021年7月には、デジタルユーロの発行はなお未定としながらも、デジタルユーロの開発に着手できる状況となっていることを目指して、2年間の調査プロジェクトを開始する旨を公表した。

　日本銀行は2021年4月に、システム的な実験環境の下での実証実験を1年間の予定で開始したが、消費者等が実際に参加するパイロット実験については、その後「必要とされれば」検討していくというスタンスで、ECB同様現時点で

はCBDCを発行する計画は無いとしている。

　最も腰が引けているように見えるのは**FRB（米国連邦準備制度理事会）**で、まだCBDCに関する広範な議論を促進するためのディスカッションペーパーを公表する段階で、本格的なパイロット実験等の計画は明らかにされていない。

　以上のように、主要中銀がCBDCの発行の是非を決めかねているのは、CBDCに係わる各種のリスク（サイバー攻撃、偽造、銀行預金からの大規模な資金移動＜デジタル銀行取り付け＞等）や、既に民間の各種デジタル決済手段が普及していることなどを勘案しても、なおCBDCの発行にメリットがあるかどうかについて、未だ確信が持てないことが主な理由だとみられる。

　こうした状況下で、近い将来に主要中銀がCBDC発行に踏み切る可能性はまずないというのが一般的な見方である。

手形・小切手機能の全面的な電子化

手形・小切手を電子記録債権またはインターネットバンキングによる振り込みに移行し、最終的に利用の廃止につなげることで、「紙」による決済を削減し、産業界及び金融界双方の生産性向上を目指すこと。

手形・小切手機能の電子化は、政府の「未来投資戦略2017」（2017年6月閣議決定）において、企業・金融機関双方の事務負担を削減するとともに、ITを活用した金融サービスとの連携を可能とする観点から「オールジャパンでの電子手形・小切手への移行」が盛り込まれたことを受け、一般社団法人全国銀行協会（以下、全銀協）が事務局を務める「手形・小切手機能の電子化に関する検討会」が設置され、検討を開始した。

2018年12月に同検討会が取りまとめた報告書では、検証を通じて、手形・小切手機能の電子化により、利用者・金融機関の双方において事務負担・コスト削減やリスク軽減

が期待されることが確認できたことから、「全面的な電子化を視野に入れつつ、（2019年から2023年までの）5年間で全国手形交換枚数（手形・小切手・その他証券の合計）の約6割が電子的な方法に移行することを中間的な目標として設定し、手形・小切手機能の電子化をより一層推進すべきである」と提言されている。

2020年度には、手形・小切手機能の電子化に対する社会的要請がさらに高まり、政府の成長戦略会議において取りまとめられた「実行計画」（2020年12月公表）において、「産業界及び金融界による『約束手形の利用の廃止に向けた行動計画』の策定を検討し、取組を促進する」旨が明

記されたほか、中小企業庁における「約束手形をはじめとする支払条件の改善に向けた検討会報告書」（2021年3月公表）において、産業界及び金融界に対して、それぞれ「約束手形の利用の廃止等に向けた自主行動計画」を策定すべきとされた。

こうした経緯を踏まえ、産業界・関係官庁と金融界が連携して必要な検討を行うことを目的として、2021年4月、全銀協が事務局を務める「手形・小切手機能の『全面的な電子化』に関する検討会」（以下、「全面的な電子化検討会」）が設置された。2021年6月に閣議決定された「成長戦略実行計画」において、「本年夏を目途に、産業界及び金融界による自主行動計画の策定を求めることで、5年後の約束手形の利用の廃止に向けた取組を促進する」「小切手の全面的な電子化を図る」などとされたことも踏まえ、2021年7月、「全面的な電子化検討会」において、

「2026年度末までに全国手形交換所における手形・小切手の交換枚数をゼロにする」ことを最終目標に掲げた「手形・小切手機能の全面的な電子化に向けた自主行動計画」が策定された。

自主行動計画では、取り組み事項として「金融機関の取組強化」、「官民の連携強化」が掲げられており、各金融機関は、目標達成に向けて自主行動計画に基づく各種取り組みを進めることとされている。

また、「全面的な電子化検討会」は、その進捗状況をフォローアップするとともに、産業界における自主行動計画（現在、16業種50団体が策定）の進捗状況などについて、関係官庁を通じて相互に共有・連携するなど、密接な連携を図ることとされている。

全面的な電子化に向けたこのような取り組みにより、産業界及び金融界双方の生産性向上に寄与することが期待されている。

新常態における業績評価

2020年、新型コロナの影響で、企業が在宅勤務を新勤務
形態として採用。2年目になり、それが新常態（ニュー
ノーマル）として定着。新たな課題として、在宅勤務者の勤
怠評価や業績評価が認識されるようになった。

　新常態下の在宅勤務となっ
て社員の勤務状況が見えなく
なった今、新たな業績制度の
設計が求められるようになっ
た。主な課題は、社員が働い
ている姿が見えないために
「評価が困難」になったとい
う点である。

　ただし、従来の業績評価の
反省もある。①これまで社員
の何を「見て」評価してきた
か ②評価として「見てきた時
間、内容、項目」は十分だっ
たか ③評価結果は上司(2次、
3次の上司)と擦り合せしたか
④さらに評価の際、被評価者
（部下）と十分な面談を行っ
たか、などである。

　今、求められるのは新たな
3密(密接・親密・緻密)であ
る。これまでの多くの日本企
業では、勤怠(態度)・成績(業
績)・能力（及び行動）の3視
点を主な評価基準としてき
た。外資でも、業績やコンピテ
ンシー行動、さらに職務適性
を評価の基準とすることが多
い。近年の役割等級を導入す
る企業では、役割の貢献度・
遂行度・達成度といった評価
項目を採用してきた。これら
の評価が「完璧」に実施され
ていたとしても、新常態では
一定の「制限」を受ける。上
司も、同僚も、部下も被評価
者の全てが見えているわけで
はなく、360度評価も十分に
は役に立たない。PCのログ
のトレースにも限界がある。
当然、レポーティング報告や
モニター監視等を毎日実施す
るわけにはいかない。

新常態下では、「働いている姿が見えないから評価しにくい」のは事実。とは言っても、根幹となる評価理念そのものを変更したのでは、組織風土、価値規範までも変更することになる。勤務形態、勤務実態が代わったからといって、処遇方針まで変更することになれば、本末転倒になる。

「期待能力・期待行動・期待成果」をそれぞれ「期待目標」と連動させ、期初は「コミットメント及びターゲットの設定」、期中は「取り組み状況と課題」、期末は「成果と今後の支援」の3つを、相互対話で明確化・言語化し、上司と部下の間で「相互理解を徹底する」ことが効果的である。

何もしないで、在宅勤務中の業績評価に必要なデータが集まるわけではない。オンラインの長所を生かし、評価者のコミュニケーションの質・量を高めることが重要となる。オンラインの長所は、定期的な面接・面談だけでなく、継続的に何時でも何処でも実施可能な点にある。新常態における業績評価は、従来の評価制度・評価基準を新3密（密接・親密・緻密）の下、適切に修正し、運用を上司・部下の双方で徹底する方式に変えていくことが望ましい。

そのために習熟すべきものが「コミュニケーション術」である。「質問術」と言っても良い。期初・期中では、部下のタイプに合わせた「仕事の与え方」「報告のさせ方」など、リモート環境下での状況掌握スキルを高度化していくことが求められる。期末では、アウトプットやスケジュールと進捗、今後の体制を常に確認し、次期の目標に連動させ集中させることが常に求められる。併せて、メンバーの健康管理、モチベーション管理、労働環境管理など、見えない部分を積極的に見にいく姿勢と見える化のための改善など、仕組みと仕掛けのための不断の努力が欠かせない。

I DX・フィンテック

2021年5月に国内初のデジタルバンク みんなの銀行
が開業した。(写真は右から横田 浩二頭取、永吉
健一副頭取)

情報通信技術の革新が続いている。銀行とのフィン
テック企業の連携拡大、DXによる決済手段や金融
機能の多様化・分散化が進む(写真は沖田 貴史・
Fintech協会代表理事会長)

アジャイル開発

ソフトウェア開発におけるプロジェクト開発手法。多数かつ小規模に分割された機能の単位で開発工程を追加的に繰り返すことにより、柔軟かつ迅速な開発を可能とする。

DX・フィンテック

　重量ソフトウェア開発手法の代表とされるウォーターフォール開発は、全機能の同期を取りつつ要件定義からリリースまでを順次実施する手法。これに対し、軽量ソフトウェア開発手法から発展して2000年代に誕生したアジャイル開発は、多数かつ小規模に分割した機能の単位ごとに、全開発工程を「イテレーション（反復）」と呼ぶ繰り返しで行い、担当チーム単位で開発が進められるのが特徴である。

　ウォーターフォール開発では、仕様変更で大前提が覆され、開発に大きなダメージが生じることが多いが、アジャイル開発では個別機能の開発が独立して完結するため、そうした影響が少なく開発期間の短縮が期待できる。また、ユーザーからのフィードバックを受けながら仕様を固めていくため、ニーズに応えられる範囲が大きいこともメリットである。ただし、計画段階で基本的な機能・仕様や詳細な計画が決定していないため「開発段階で設計思想がずれてしまう」、チームごとの開発のため全体進捗の把握が難しく「スケジュール管理の正確性を確保しにくい」などのデメリットもある。開発対象の分野や特性、人員の習熟度などを踏まえ、適切な開発手法を選択することが重要である。

　近年、政府情報システム開発でも、jGrants（補助金申請システム）、HER-SYS（新型コロナウイルス感染者等情報把握・管理支援システム）等で活用されている。

インシュアテック

インシュアテック（InsureTech）は、保険（Insurance）とテクノロジー（Technology）を組み合わせた造語で、保険分野のフィンテックを指す。

インシュアテックは、テクノロジーを活用して新たな保険商品を開発したり、募集や審査などの業務プロセスを改善したりする取り組みを指す。

新商品の具体例としては、自動車保険分野でのテレマティクス保険がある。この保険は、自動車内に専用機器を設置し、運転速度や急ブレーキの頻度などの情報を収集する。収集されたデータにより運転の安全性が分析され、その結果に基づき保険料が算定される。

このほかに、スマートフォンのアプリを活用して被保険者の健康増進活動への取り組み状況を収集し、保険料をキャッシュバックする医療保険も登場している。これらの保険商品は、ITを活用して従来よりもきめ細かくリスクを分析して、保険料に反映させている。

2020年にはP2P（ピア・ツー・ピア）のガン保険が発売された。通常の保険はリスクに応じた保険料を前払いするのに対し、P2P保険は契約者グループ内で発生した保険金の支払い実績に基づき、契約者が保険金を割り勘して後払いする。通常の保険に比べ、P2P保険はリスクと負担の関係の透明性が高いという特徴がある。

インシュアテックによる業務プロセスの改善例としては、RPAを活用した契約手続きの効率化や、チャットボットによる照会への対応、AIを利用した保険不正請求のチェックなどが挙げられる。

エンベデッドファイナンス

金融以外のサービスを提供する事業者が、APIを活用して自社サービスに金融サービスを組み込むことで、新しい付加価値や顧客体験を提供する仕組みのこと。

エンベデッドファイナンスは、日本語では「組込型金融」や「埋込型金融」と訳される。異業種サービスの中に金融機能が組み込まれることで、顧客行動にひも付いた一体的な金融サービスを提供する形態である。例えば、モノを購入する際に店舗側から購入費用に係るローンの提案を受け、数秒で借り入れが可能となるサービスが該当する。BaaS（Banking as a service）の概念と近いが、BaaSはサービスとしての金融機能提供、エンベデッドファイナンスは金融機能の提供を受け、非金融事業者が金融組込型のサービスを提供することと整理できる。

エンベデッドファイナンスの提供においては3つの役割が存在し、顧客接点を持つ「Brand」、銀行免許を保有し金融機能を提供する「License Holder」、License HolderとBrandを仲介する「Enabler」に分類される。これまでの金融サービスは金融機関が顧客接点を有しており、ローンや運用の提案を行ってきた。エンベデッドファイナンスにおいてはBrand（非金融事業者）が顧客接点を有するため、金融機関は顧客接点を喪失することとなるが、その一方で顧客のニーズに即した金融サービスの提供が可能となり、今まで金融機関がリーチできなかった顧客層を開拓する機会としても捉えられている。

米ライトイヤー・キャピタルによると市場規模は2025年に2,300億ドルと2020年比10倍程度になると試算されている。

大阪デジタルエクスチェンジ

SBIホールディングスと三井住友フィナンシャルグループの共同出資により設立された、私設取引システムの運営会社。ODXとも呼ばれる。

現在、日本において私設取引所の数はODXを含めて3社、シェアは8%と低く、東京証券取引所が事実上独占している。

一方、ODXは私設取引所の運営会社として、将来的にセキュリティートークンの取り扱いを予定している。

セキュリティートークン技術を活用した市場を形成することにより、一般の投資家も商業不動産や非上場企業への投資が行えるようになる可能性があるため、新たな市場として注目を集めている。

セキュリティートークンとは、ブロックチェーン技術やトークン技術を用いて発行できる電子的な有価証券のことであり、ODXはセキュリティートークンを取り扱う国内初の私設取引システム(投資家が証券取引所を介さずに有価証券を売買することができるシステム)の運用を目指している。

企業は**セキュリティートークンを活用した資金調達(STO)**を実施することにより、投資家1人あたりの投資金額を小口化することができるため、今まで金額の大きさからプロ投資家しか投資できなかった商業不動産やベンチャー企業などへの投資を、一般の投資家からも行えるようになると期待されている。

一方、セキュリティートークンについては「流動性リスク」や「商品の魅力度」において課題があり、今後どのように上記課題を解決していくかが、セキュリティートークン市場を発展させていく上での鍵になると考えられている。

49

オープンイノベーション

自組織だけでなく、他の組織や機関のリソースを活用し、異文化、異分野、異業種が持つ技術、アイデアを取り入れることにより、組織内部のイノベーションを促進すること。

オープンイノベーション（open innovation：OI）とは、自組織だけでなく、他の組織や機関のリソースを活用し、異文化、異分野、異業種が持つ技術、アイデア、サービス、ノウハウ、データ、知識などを組み合わせることによって、組織内部のイノベーションを促進することである。

2003年に、米国ハーバード大学経営大学院のヘンリー・チェスブロウ教授が、技術開発に関する概念の1つとして提唱した。

以前は、自組織内で研究者を囲い込み、研究開発を行うクローズドイノベーション（自前主義）が主流であったが、不確実性が増し、市場の変化が激しい現代において、イノベーションのスピード、コストの効率化が求められるようになったことが影響している。

世界の潮流は、社内で技術を囲い込む時代から、仲間づくりを通じた「オープンイノベーション」に移行している。

日本では、大手企業が幅広い企業と提携した技術革新、新規事業創出に力を入れている。

代表的な事例としては、トヨタが進めている、静岡県裾野市に実験都市「ウーブン・シティ」を開発するプロジェクト「コネクティッド・シティ」を挙げることができる。

NTTの持つ通信インフラにおける技術力、ENEOSが有する水素エネルギー利活用の技術などを集結する。

今後、日本の産業界が新たな革新モデルを築けるかが問われている。

オンラインレンディング

インターネット上で手続きが完結する融資。従来の財務データだけてなく、口座の入出金情報や商取引等のデータをAI（人工知能）が分析、審査し、速やかに融資が実行される。

2018年11月以降、**eKYC**が可能となった。本人確認を含め、ネット上で取引を完結する環境が整備されたことを受け、我が国では2019年頃からオンラインレンディング参入の動きが活発化している。

融資型クラウドファンディング（ソーシャルレンディング）とオンラインレンディングを比較すると、前者は投資家が運用リスクを負担する資金仲介の仕組みであるのに対して、後者は金融機関がリスクを負担する点に違いがある。

法人向けのオンラインレンディングには、会計ソフトや預金口座の入出金データなどを用いるバランスシートレンディングがあり、主として銀行が取り扱っている。電子商取引のデータを利用するトランザクションレンディングに関しては、主としてECプラットフォーム事業者が取り扱っている。

個人向けオンラインレンディングは、個人の各種属性データやECサイトでの購買データなどをスコアリング化して与信判断するものであり、銀行や通信事業者などが取り扱っている。

2021年には、ペイパルやグーグルが国内の決済系フィンテックを買収した。近年、欧米ではフィンテックが取り扱う**分割後払い**（Buy Now Pay Later、BNPL）が普及し始めている。今後、国内でも海外企業の主導により新たな個人向けオンラインレンディングが広まる可能性があろう。

金融ISAC・CSIRT

金融ISAC(Information Sharing and Analysis Center) は、金融機関のサイバーセキュリティー連携組織。CSIRTは、各企業でサイバーセキュリティー対応を行う専門組織。

CSIRT（Computer Security Incident Response Team)は米国が発祥で、2001年頃から日本企業で設置が進み、2012年頃から金融機関でも設置されてきた。

2014年8月には、金融業界の**サイバーセキュリティー情報**連携のための組織として金融ISACが設立された。

金融ISACの正会員は、国内に事業拠点がある銀行、証券、生保、損保、クレジットカード事業者、決済事業者で、2021年10月時点で422社にまで着実に増加している。他にアフィリエイト会員（セキュリティーベンダー）が28社参画している。米国の同様組織「FS-ISAC」（会員数約7,000社）と連携する。

金融ISACの活動は、ポータルサイトを通じた「攻撃元」「手口」「目的」「対策と結果」の情報共有、10種類のワーキンググループ活動、共同サイバー演習、レポート配信、ワークショップ、年1回の社員総会（アニュアルカンファレンス）が主である。

金融ISACは2019年4月に内閣サイバーセキュリティセンターの下に設置された官民連携のためのサイバーセキュリティ協議会にも参画している。

金融庁からも「金融分野のサイバーセキュリティレポート」が2019年と2020年に公表されているが、昨今は**クラウドサービス**利用やFinTech企業との連携が進む中で、外部委託先や連携先の脆弱性を突く事例が発生しており、CSIRTの高度化が望まれる。

QRコード決済

スマートフォン上の決済アプリを利用して、QRコードを読み取ることによって行う決済である。決済の方法には、「利用者提示方式」と「店舗提示方式」の2種類がある。

利用者は、スマートフォン上のQRコード決済アプリに、クレジットカード情報や銀行口座情報などを事前に登録することによって、QRコード決済を利用することができる。

決済方法には、①消費者が端末に表示したQRコードを店員が読み取る「利用者提示方式」と、②店舗が提示したQRコードを消費者が読み取る「店舗提示方式」がある。

QRコード決済サービスは、銀行だけではなく、ノンバンク（IT系〔PayPay、楽天、メルカリ、LINE等〕、通信系〔NTTドコモ、KDDI等〕、流通系〔ファミリーマート、イオン等〕等）の多様な主体によって提供されている。

その一方で、QRコード決済を受け入れる店舗や自治体にとっては、多数のQRコード決済サービスに対応することはオペレーションが煩雑になるなどの課題があった。

そのため2019年より、総務省と経済産業省は、複数のQRコード決済サービスに対応できる統一規格「JPQR」を開発し、普及・利用促進を行っている。2021年9月末時点で20社以上がJPQRに参加している。

また、キャッシュレス推進協議会によると、2020年12月末時点のコード決済（QRコード含む）のアクティブユーザー数は、約3,600万人であり、2019年12月末時点（約1,850万人）より倍増した。

さらに、年間の店舗利用金額は、2019年は約1兆1,000億円だったものの、2020年は約4兆2,000億円であった。

クラウド活用

企業が顧客向けサービス提供や社内業務において、データやアプリケーションなどのコンピューター資源をネットワーク経由で利用する仕組み（クラウド）を活用すること。

　クラウドとは「クラウドコンピューティング（Cloud Computing）」を略した呼び方で、データやアプリケーションなどのコンピューター資源をネットワーク経由で利用する仕組みのことである。

　クラウドが提供するサービスは、その構成要素に基づきIaaS（Infrastructure as a Service）、PaaS（Platform as a Service）、SaaS（Software as a Service）の3種類に分類される。IaaSは、コンピューターなどのハードウェアのインフラ機能をインターネット上で提供するサービスである。PaaSは、ソフトウェアを開発・実行するためのハードウェアやOSなどのプラットフォーム一式をインターネット上で提供するサービスである。SaaS

は、パッケージ製品として提供されていたソフトウェアをインターネット経由で提供するサービスである。

　また、利用形態によって、パブリッククラウド、プライベートクラウドの2つに大別される。パブリッククラウドは、不特定多数の利用者を対象として広く提供されているクラウドサービスを指し、AmazonのAWSやMicrosoftのAzureが該当する。プライベートクラウドは、パブリッククラウドの環境内に顧客専用のクラウド環境を構築・提供するホスティング型プライベートクラウド、顧客の自社内に構築されたオンプレミス型プライベートクラウドに分かれる。

　クラウド活用のメリットとしては、①システム構築の迅

速さ・拡張の容易さ：サーバーなどのハードウェアを調達する必要が無いため、システムの構築、容量の拡張性や迅速性に優れている ②初期及び運用費用の削減：自社で情報システムを資産として所有しないため初期・運用費用が削減される。また、保守運用に自社人材を割く必要がなく、保守運用の人件費も削減可能である ③メンテナンス性の向上：クラウド事業者が（システムの最新化を含む）セキュリティー対策やシステムの冗長化・バックアップを行うためメンテナンス性が向上する ④利便性の向上：ネット環境があれば場所や端末に制約されることなく業務システムの利用が可能となり従業員の利便性が向上する、などの点がある。

他方、クラウド活用にはデメリットもあり、例えば、①セキュリティーの担保：クラウドサービスはネットに直接接続されたサーバー上にデータを格納するため、社内サーバーに格納する場合と比べ情報漏えいのリスクが高く、セキュリティーの担保が極めて重要である ②カスタマイズ性の不足：クラウド上で提供されているサービスは、あくまで汎用的かつ限定的なものであるため、自社の実態に即したシステムを構築できない場合がある、などの点が挙げられる。

クラウド活用にもメリットやデメリットがあり、必ずしもクラウドが正しい選択肢ではない。どちらか一方を選択するのではなく、パブリッククラウド、プライベートクラウドやオンプレミスを併せて利用する「ハイブリッドクラウド」や複数のパブリッククラウドを利用する「マルチクラウド」を用途や目的に応じて導入することが重要である。

今般のコロナ禍をきっかけとして、金融機関でDX推進や新規事業開発などにクラウド活用が増加しており、今後の動向が注目されている。

クラウドファンディング

クラウドファンディング（クラファン）はクラウド（crowd）と資金調達（funding）を組み合わせた造語。インターネットを利用した不特定多数の人からの資金調達を指す。

クラファンは、大きく①寄付型 ②購入型 ③金融型の3つに類型化される。

寄付型は、ネットを利用して寄付金を募るものである。購入型は、新製品開発などに必要な資金提供を呼びかけ、一定額が集まった時点でプロジェクトを実施し、資金提供者に対して新製品や特典を提供するものである。

金融型は資金の仲介であり、日本クラウドファンディング協会は、4種に分類している。融資型は、ソーシャルレンディングとも呼ばれ、集めた資金を匿名組合が融資する。不特法型は、不動産特定共同事業法に基づく不動産に対する共同投資である。ファンド型は、資金を匿名組合が投資する。株式型は、資金提供者が資金提供先の株式を受け取る。

最近、一部の地域金融機関では、設立した**地域商社**を通じて購入型クラファンを取り扱う動きがみられる。融資型に関しては、近年、複数の問題事例が発生しており、市場規模は低迷している。

クラウドファンディングの市場規模の推移

単位:億円

	2018年	2019年	2020年
購入型（寄付型を含む）	115	169	501
融資型	1,764	1,113	1,125
不特法型	21	48	60
ファンド型	12	24	11
株式型	9	6	9

出所:「クラウドファンディング市場調査報告書」、日本クラウドファンディング協会

グローバル・ステーブル・コイン

価格変動が少なくなるよう安定した価値の維持を目指して設計された暗号資産(ステーブルコイン)の中で、複数の法域で取引されるなど、取引が相当量に達する可能性があるもの。

ビットコインなどに代表される従来の暗号資産は、市場の需要と供給によって、その価値が乱高下するといったリスクが存在するのに対し、ステーブルコインは、他の資産との裏付けや、アルゴリズムを用いる事によって、価値の安定化を目指している。

2019年に、Facebook社が複数の法定通貨に裏付けられたステーブルコイン(リブラ)の構想を公表したことで、大きな注目が集まった。これは、世界で約27億人のユーザーを有するFacebook社が主導するのに加え、VisaやPayPalなどの決済プロバイダーをパートナーとしていた事から、グローバルな決済・送金手段として、一気に普及する可能性があったからである。

これに対し、G7はリブラのようにグローバルに普及する可能性のあるステーブルコインをグローバル・ステーブル・コインと総称し、一般的なステーブルコインと比べ、期間や流動性のミスマッチ、信用リスクやオペレーショナルリスクが波及する可能性や、価値保護手段として普及すると金融政策の有効性が低下する可能性があることを指摘した。

現在は、国際的なグローバル・ステーブル・コインに係る規制監督上の対応などに関する議論が行われており、日本においては2021年からスタートした、**金融庁のデジタル・分散型金融への対応のあり方等に関する研究会**で、グローバル・ステーブル・コインについて言及されている。

国際(海外)送金の進化

「遅くて高くて不透明」との批判があった海外送金に、低コスト化、多様化の動きが広がっている。銀行間送金の抜本的改善に加え、ノンバンクによるより速く安いサービスも始まった。

銀行を利用する海外送金については、かねてより、時間がかかる、手数料が高いといった批判があった。国際送金の分野は、長年にわたり銀行間の国際的な送金メッセージ（支払指図）の通信を担うSWIFTが独占していたが、より速く安いサービスを売り物に参入するノンバンクに対抗しSWIFTgpi（global payments innovation）を導入した。

これは、従来の国際送金の仕組みである「コルレス銀行業務」を抜本的に改革するもので、①国際送金の即日着金 ②手数料の透明性 ③送金の追跡可能性などを達成するものである。gpiは2017年1月から稼働を開始したが、既に国際送金の半分以上がgpiで行われている。gpiによる送金は、ほぼ全てが24時間以内に着金しており、従来の国際送金（2〜4日）に比べると大幅な改善である。

ノンバンクによる参入例として注目されているのが、「分散型台帳技術（DLT）」を利用するリップル社のRippleNetである。DLTは、①不正取引や改竄ができない ②システムダウンに強い ③運用コストが圧倒的に安いというメリットがある。

RippleNetでは、DLTを使って銀行と銀行が直接つながり、分散型台帳で情報を共有することで、ほぼリアルタイムで国際送金が可能である。

同社によれば、既に我が国メガバンクを含む世界の大手行など350社以上が顧客となっている。

サイバーセキュリティー

電子的・磁気的方式などで記録され、送受信される情報の漏えいや毀損などを防止する安全管理の措置。システムや通信ネットワークの安全性や信頼性を確保する措置も含む。

サイバー犯罪の脅威の深刻化や犯罪活動のグローバル化に対応するため、2015年にサイバーセキュリティ基本法が施行された。同年に発生した日本年金機構の情報漏えい事件を受け、2016年に改正法が施行された。

インターネットバンキングを狙ったサイバー犯罪としては、①ユーザーのキー入力を不正に読み取る「キーロガー」②メールやSMS（ショートメッセージサービス）で偽サイトに誘導する「フィッシング」③利用者のパソコンを乗っ取り、不正送金を行う「マン・イン・ザ・ブラウザ」、などがある。ネットバンキングのほか、近年、スマートフォン決済の不正出金の事件も発生している。

対策としては、ワンタイムパスワードや2段階承認の手続きの導入、eKYC等による本人確認の徹底などがある。金融機関がネット犯罪の情報提供を行うことも必要である。

一方、金融機関の内部システムに対する外部からの攻撃の脅威も増大している。近年、システム内の保存データを暗号化し、復旧と引き換えに金銭を要求するランサムウェアの被害が増加している。一般的に、公共性が高く業務システムを停止しにくい組織がランサムウェアのターゲットとなりやすい。海外では、病院や自治体、銀行などの被害が発生している。国内の金融機関もTLPT等を活用し、外部からのシステム攻撃に対し備える必要がある。

情報銀行

行動履歴や購買履歴等の利用者情報を伴う電子データを預かり、一元管理し、他の事業者に提供する事業者。得られた便益は、データ受領事業者から情報提供者に還元される。

1. 求められる使命・特徴

情報銀行に求められる使命については、①個人（生活者）等の利用者データの安全な保管 ②各データを各利用者が所有することの明確化 ③データの利用者・利用方法の明確化 ④データの利用方法の明示的な選択・管理 ⑤データ利用で得られた便益の利用者への還元、の5つに分解することができる。

すなわち情報銀行には、利用者から預かったデータを、厳格なルールに則って安全に管理し、他の事業者に託して運用し、その利益を利用者に還元することが求められる。これは、預金を預かり厳格に運用し利息を還元する銀行業と似た性格を持つことから、「銀行」の名が用いられた。

2. 個人情報管理重視の背景

Google、Amazon、Facebook、Apple等のインターネット上で各種サービスを提供するプラットフォーマーは、利用者の検索・購入・閲覧の履歴情報から、利用者の関心に基づく消費傾向を読み取り、それを他の事業者に提供することによって利益を得ている。すなわち、これらのマイクロデータは、膨大な利益の源泉となっている。

このためEU（欧州連合）は、利用者情報を一部の企業が独占することを問題視し、利用者情報を厳格に管理し、その利益を本来の所有者である消費者に戻すという方針を示し、2018年に、消費者が自身の情報をコントロールする権利を侵した企業に制裁金を科すことを定めた。

情報銀行は、利用者の情報を預かり管理し運用し、それによる利益を利用者に還元する役割を期待されている。

日本では、2017年5月の改正個人情報保護法の施行に伴い、利用者データの本格的な流通が可能になり、利用者データの管理がより重要になった。これに伴い、情報銀行の整備が急がれることとなった。

3. 日本での認定状況

日本では、情報銀行は総務省・経済産業省が策定した基準に則して、民間の日本IT団体連盟（2016年7月設立）が認定する。認定は「通常認定」「P認定」の2種類。認定の有効期限は2年であり、2年ごとに審査がなされる。

通常認定は、情報銀行サービス実施中の事業者を対象とし、その計画・運営・実行体制が認定基準に適合し、安心・安全なサービスを提供しているサービスになされる。2020年にDataSignとマイデータ・インテリジェンスの各サービスが認定された。

P認定は、情報銀行サービス開始に先立ち、計画・運営・実行体制が認定基準に適合していると認められ、サービス開始後に運営の改善が期待できるサービスに対して与えられる。P認定のサービスは、サービス開始後に通常認定を取得することが求められる。

2019〜2021年に、三井住友信託銀行、フェリカポケットマーケティング、J.Score、中部電力、MILIZEの各サービスが認定されている。

4. 発展のための課題

今後の発展のための課題として、第一に、利用者にとってのメリットをいかに明確にするかがある。情報銀行による収益還元が従来のポイントカード程度であれば、情報銀行は定着しない。

第二に、安全性確保の徹底が重要である。特に、データの目的外利用や再提供の禁止、データ漏えい防止をいかに徹底するかが重要である。

スーパーアプリ

1つのスマホアプリの中に、用途の異なる様々なアプリを統合して使えるようにしたもの。アプリを立ち上げる煩わしさが無くなるため、ユーザーにとって利便性が高い。

スーパーアプリには、SNS、ニュース、ゲーム、飲食店予約、Eコマースなど、スマートフォンで日常的に使われるサービスが詰まっている。メインアプリは「プラットフォームアプリ」、プラットフォームアプリ上に統合されるものは「ミニアプリ」と呼ばれる。

スマホには多くのアプリがインストールされているが、大半は日常利用されていない。アプリが多過ぎて必要な時に見つからないことも多く、アプリごとにIDやパスワードを設定するのも面倒である。

スーパーアプリの利点はユーザーの利便性が格段に高まる点にある。プラットフォームアプリからミニアプリをシームレス（切れ目なく）に呼び出せるため、必要な時に見つ

けやすい。IDもミニアプリごとに設定する必要は無い。

スーパーアプリは新興国、特に中国や東アジア諸国で普及している。中国ではWeChatがメッセージングから配車サービス、決済などあらゆる機能を実装するスーパーアプリとなっている。中国のようなモバイルファーストの文化ではスーパーアプリのようなサービスが浸透しやすい。

日本では、2019年末のヤフー・LINEの経営統合をきっかけに関心が一気に高まった。LINEは、チャットや電話以外に音楽、ゲーム、漫画、買い物等が1つのアプリで利用できる。ただ、ユーザーが個人情報の共有に抵抗感があるため、情報セキュリティーへの対応が課題となる。

スーパーシティ

人工知能などの最先端技術を活用して地域社会の課題の解決を目指す特区構想。2021年に31の地方公共団体が応募したが、諸事情により対象区域の指定は遅延している。

スーパーシティの狙いは、①大胆な規制改革と最先端技術の結集により、都市開発競争を巡る国際競争でフロントに躍り出ること ②技術により地域の持つ課題を一挙に解決すること、である。

すでに、海外では未来都市（スマートシティ）づくりで先行している都市がある。先行事例と対比したスーパーシティの特徴としては、①個別分野ではなく生活全般の課題を解決すること ②ビッグデータを活用した先端サービスの提供を可能にするため、データ連携基盤が構築されること ③2030年頃に実現される未来都市での生活を加速実現すること、が挙げられる。

スーパーシティ構想は政府内の有識者懇談会において検討が行われ、2018年11月に中間報告書を公表された。関連法案は規制緩和の手法を巡る調整に手間取り、2020年5月に成立した。

スーパーシティの公募スケジュールは、コロナ禍の影響により、大幅な遅延を余儀なくされた。最終的に2021年4月に公募が締め切られ、31の地方公共団体が応募した。その後、8月に政府は大胆な規制改革に欠けていることを理由に、各団体に対して提案の再提出を要請した。再提出の期限は10月15日とされ、その後に専門調査会や国家戦略特区諮問会議が対象地域の選定を行うことになる。

最終的に5カ所程度がスーパーシティの対象地域に指定されるとみられる。

スマホ・モバイル決済

スマートフォンを用いてプリペイド、クレジットカードなど
で支払いを行うサービス。QRコード決済が普及し、利用者・
加盟店双方に対するキャンペーン競争も加熱化している。

スマホ・モバイル決済と
は、主にスマホを用いて、プ
リペイド、クレジットカード
などによる支払いを行うサー
ビスである。

従来はSuicaやEdyなどのよ
うにFelicaを用いたプリペイ
ド決済が一般的であったが、
近年ではQRコードを用いた
新たな決済サービスが急速に
普及している。

QRコード決済の利用方法
としては、決済にあたっては、
利用者が店舗のQRコードを
読み込んで決済を行う「MPM
（店舗掲示型）」とユーザーが
スマホ画面に表示したバーコー
ドを店舗側で読み取る
「CPM（利用者掲示型）」に分
けられる。

前者の場合は、店舗側は高
価な読み取り機器を必要とし
ないため、これまでクレジッ
トカードやモバイル決済の導
入を行っていなかったような
小規模店舗においても、導入
が進んだ。

特に最大手のPayPayは、中
小店舗向けの加盟店手数料を
2021年9月までの3年間無償と
し340万店という加盟店網を
構築。大規模な販促・還元キャ
ンペーンを実施し、利用者
数も4,000万人を超えた。同社
の有料化を受け、他社は加盟
店手数料の無料化キャンペー
ンを打ち出しており、熾烈な
消耗戦は継続している。

一方で、世界的に普及が進
むApplePayやGooglePayにお
いて、世界標準であるVISA非
接触決済への対応が進んでお
り、国内カード会社の対応も
進んでいる。

全銀EDI

全銀EDIシステム（ZEDI）は、企業の資金決済事務の合理化の
ため、支払企業から受取企業への総合振り込みの際に支払い
通知番号・請求書番号のEDI情報を添付可能とするシステム。

EDIとは、Electronic Data Interchangeの略称であり、商取引に関する情報を企業間で電子的に交換する仕組みのことである。

このEDIには、受発注や請求などの商取引に関する情報を、電子データにより通信ネットワークを用いて企業間で交換・共有する仕組みである商流EDIと、受発注や請求などの商取引に関する情報を、振り込みなどを実施する際に添付し、交換・共有する仕組みである金融EDIがある。

金融EDIで、振り込みなどの決済情報と受発注などの商流情報がシステムでひも付けされれば、受取企業は請求書など商流情報と結び付いた入金情報を取得できるため、売掛金などの消し込み作業の効率化等につながる。

流通業界及び自動車部品業界が実施した金融EDIの実証実験においては、決済関連事務の合理化効果などが確認されている。

こうした中で、2018年12月、全国銀行協会及び全国銀行資金決済ネットワークは、全銀EDIシステム（通称：ZEDI）の稼働を開始した。

これまで総合振り込みの際に送信できるEDI情報は、固定長形式で20桁までと制限されていたが、ZEDIの稼動開始により、総合振り込みのデータ形式がXML形式に変わり、EDI情報欄に支払い通知番号や請求書番号、商取引に関する情報（商流情報）など、多くの情報を自由に設定・添付することが可能となった。

チャットボット

チャットボット（chatbot）は、人の質問に機械が自動応答するコミュニケーションサービス。顧客利便性の向上や職員の負荷軽減を図るため、導入の動きが活発化している。

　チャットボットの自動応答の手段としては、文字と音声がある。海外でショートメッセージのほか、コールセンターが取り扱う問い合わせのうち単純なものを機械が応答するサービスもある。しかしながら、国内におけるチャットボットは、文字メッセージを利用したものが主流である。

　具体的なチャットボットの活用事例としては、①銀行がWebやLINEを利用して取引照会や住宅ローンの事前審査に対応する ②証券会社がLINEを利用して株式や為替市場の市況照会に対応する ③保険会社がLINEやMessengerを利用して保険商品の診断や見積もりに対応する、などがある。

　チャットボットの特徴としては、①電話よりも文字によるチャットは顧客の心理的負担感が少ないため、気軽に利用してもらいやすい ②コールセンターや窓口は混雑していると待つ必要があるが、チャットボットはいつでも待たずに利用可能 ③単純な照会対応に関わる業務負担を軽減することができる、などが挙げられる。チャットボットは業務を効率化するだけでなく、顧客の照会やサポートに常時対応できるため、顧客満足度も高められる。

　2020年以降、コロナ禍の影響が続く中で、金融業界では対面だけでなく、非対面での取引チャネルの強化が課題となっている。今後、チャットボットの対象となる金融サービスは、拡大していくことが予想される。

データサイエンティスト

数理統計、ITスキル、ビジネス分析の素養をあわせ持つ人材の呼称。デジタル化戦略の中核となるスキル人材として期待され、国家戦略の一環として育成が急がれている。

データ分析スキルを活用して問題の構造を解明し、課題の発見、解決の方向を見出し、ビジネス変革の起動的役割を担う人材のこと。

ビッグデータを解析することで新たな価値創造の可能性が増している。国家戦略の成長戦略でも人材育成が重視され、高校や大学などで履修科目となりつつある。昨今では統計数理モデルやAI（人工知能）技術を組み込んだデータ分析ソフトが実用化されて、ビジネス面での知見がより重要となっている。

金融業界のデジタル化戦略においても、その有用性と戦略性が評価され、人材確保と育成が急がれているが、専門人材の数は圧倒的に不足している。人事制度上の位置付けを明確化するなど、人材確保維持も大きな課題である。

データサイエンティストの具体的な役割機能

・統一性の無い大量のデータ収集と利用できるフォーマットへの変換
・R、Python、SASなど幅広いプログラム言語によるシステム開発と保守
・分析手法に関する最新動向の把握（機械学習、深層学習、テキスト・マイニングなど）
・統計技法とデータ特性の理解（公的統計、各種調査結果など）
・膨大なデータからパターンを発見し、最終目的実現に寄与する課題と解決方法の特定

デジタルバンク、DX

銀行業務のデジタル化（脱店舗・脱ATM化）が進む一方で、海外では革新的な事業者が次々と生まれている。日本でも新たな金融サービスを立ち上げる動きが加速している。

インターネットやスマートフォンの普及に伴い、これまで店舗やATMを通じて提供されてきた銀行サービスの多くが、デジタルチャネルを通じても利用可能となってきている。

人口減少や低金利環境の長期化等により銀行の収益を取り巻く環境が悪化する中で、繁華街の駅前など利便性の高い一等地に構築してきた支店網の負担は重くなっていた。

そのため、コスト軽減へ店舗の統廃合を実施するとともに、デジタルチャネルへの投資を増加させ、利便性の向上に努めてきていたが、コロナ禍における非対面・非接触志向の高まりを受け、利用者側でも店舗やATMからスマホなどへの取引移管が広がっている。

これまでもインターネット専業銀行（ネット銀行）が、デジタルチャネルを中心としたサービス提供を行ってきたが、従来型の銀行業務・サービスを電子化・ペーパーレス化し、利便性や効率を向上させたものが中心だった。

一方で、グローバルでは、情報技術革新やフィンテックの高まりを受けた金融規制緩和なども背景に、スマートフォンを活用して、これまでの金融サービスの延長線上ではないような革新的で新しい銀行サービスを提供する事例が増えてきている。

デジタルバンク分野の普及が先行する欧州では、2021年7月に国際送金サービスに注力するWise（旧トランスファ

ーワイズ）が、ロンドン証券取引所に1兆円を超える時価総額で直接上場を果たした。

世界的な金融緩和による未上場市場へ資金流入も手伝い、英国を拠点とするRevolut社の企業価値も1年間で5倍以上増加し、非上場ながら3兆円を超える規模となった。ドイツを拠点するN26も、時価総額が約1兆円となり、第二位のコメルツ銀行を超えた。

米国においても、同業のChimeの企業価値が2兆5,000億円を超えている。

アジアにおいても、アントフィナンシャル（Alipay）やテンセントのようなIT大手が各国で銀行サービスに参入しており、韓国ではカカオバンクの株価が上場初日に全銀行の時価総額を超えた。

このような環境下において、日本においても、楽天やSBI、PayPayといったIT大手が母体となる銀行が顧客数を伸ばしている一方で、既存金融機関側もデジタルバンクに向けた新たな取り組みを強化している。

2021年5月に開業した「みんなの銀行」は、ふくおかフィナンシャルグループが傘下の地方銀行とは別に銀行免許を取得し、デジタル専業銀行を立ち上げた事例である。

これまで自社で顧客を拡大してきた住信SBIネット銀行やGMOあおぞらネット銀行は、APIを公開し、銀行基盤をBaaS（Banking as a Service）として提供することで、**ネオバンク**事業に参入する異業種との**オープンイノベーション**を推進している。

これらに加えて、**チャレンジャーバンク**を標榜する新興事業者も、国内外からリスクマネーを調達し、顧客ニーズに沿ったユニークなサービス提供を開始している。

今後は個人業務に対して、遅れが目立つ法人業務においても、DX（デジタルトランスフォーメーション）が加速すると期待される。

電子署名、脱ハンコ

コロナ禍において、脱ハンコによる電子署名、非対面・非接触の推進が急務になった。金融庁が書面手続きの見直しへ検討会を開催するなど金融分野の取り組みも進みつつある。

2020年に法務省等から相次いで発表された、押印と電子署名サービスに関する3件のQ&Aは、脱ハンコに向けた社会の取り組みを強く後押した。また、その後もグレーゾーン解消制度を利用した電子署名法の要件を満たす電子署名サービスの明確化や、電子署名法3条の真正な成立の推定にあたり2要素認証を必須としないことに関する法務省回答の公表など取り組みが進められた。

また、**金融庁**が金融業界における書面・押印・対面手続の見直しに向けた検討会を開催するなど、金融分野での取り組みも進みつつある。同検討会の書面・押印・対面手続の見直しに向けた論点整理では、上記3件のQ&Aの内容を整理するだけでなく、さらに、業界別の論点や実務上の論点整理も行っており参考になる。

金融分野では、例えば金商法における電磁的記録による書面交付に際しての承諾取得等、法令又は当該業界における自主規制において、手法が制限されていることもあるので、これらに関する規制の改正ないし解釈の変更がないかも確認しつつ、電子化を進めることとなる。

一方で、規制や電子署名法等の解釈に関わらず、元々の業務設計や、取引先の自治体等の書式が統一されていない等、様々な実務的な理由により電子化が進んでいない部分についても、業務の変革、関係者との調整を行い電子化を推進することが求められる。

ネオバンク・チャレンジャーバンク

ネオバンクは、銀行免許を持たず、既存銀行との提携を通じて金融サービスを提供する。チャレンジャーバンクは、銀行免許を取得し、アプリなどで金融サービスを提供する。

ネオバンクは、自らは銀行免許を持たず、既存銀行のプラットフォーム上に独自のインターフェースを構築し、金融サービスを主にスマートフォンで提供する企業を指す。2009年頃に米国から広がり始めた。代表的なネオバンクは、米国のChime、Aspiration、Current、Varoなど。

一方、チャレンジャーバンクは、自ら銀行免許を取得し、スマホなどで金融サービスを提供する企業を指す。銀行から完全に独立した事業展開が可能。2010年代半ば頃から注目され、代表的なチャレンジャーバンクは、英国のMonzoやAtom、ドイツのN26など。

ネオバンク、チャレンジャーバンクともに、無料または安価な利用コスト、高い預金金利、スマホ上で完結する利便性により、顧客数が増加。店舗が無く人件費が抑制できる点は強みだが、収入は、クレジットカード関連手数料、当座貸越利息、為替手数料などで、収益化が課題である。

インドの調査会社によれば、ネオバンクとチャレンジャーバンクの市場規模は、2017年から2025年に年平均成長率45.8％で推移、2025年に3億5,600万ドルに達すると予測。

日本では、GMOあおぞら銀行が、オープンAPIによる柔軟な接続を通じてチャレンジャーバンクやネオバンクの立ち上げ支援サービスを提供している。新生銀行グループでは、「ネオバンク・プラットフォーム」を提供し、ネオバンクとの連携を図るとしている。

フォレンジック

フォレンジックとは、犯罪捜査を含む司法の場を起源とし、証拠能力を担保した状態で証拠の保全、収集、分析などを行う一連の動作を定義している。

　企業のリスクマネジメントの観点において、日本のメディアや第三者委員会報告書などで「フォレンジック」という言葉が使用される際、それは「フォレンジック調査」を指しており、PCやスマートフォン上に保存されている電子データを調査対象とする「デジタルフォレンジック」と、会計データを調査対象とする「フォレンジックアカウンティング」を意味している。

　しかしながら、正式にはフォレンジックサイエンス（法科学）のことであり、デジタルフォレンジックやフォレンジックアカウンティングだけでなく、その他数十にのぼる専門領域が存在する。例えば、多くの刑事ドラマなどでも馴染みのある死因を特定するための検死解剖や、犯人を特定するための指紋照合、DNA鑑定などもフォレンジックを構成する領域である。

　証拠能力を維持するためには、収集時及び分析時に証拠に対して何らかの改変が加わらない方法を用い、証拠の管理者や分析担当者など証拠品に触れることができる人物それぞれが、いつ、どのような目的で証拠に触れたかを明確にし、それぞれの管理下にある際に証拠が手から離れなかったことを証明することが求められる。証拠が管理者の手から離れるということは、その間に証拠に対して改ざんを加えられたり、証拠がすり替えられたりするなどの可能性を提起し、これにより証拠能力が失われるからである。

ペイロール

給与の支払い・受け取りが可能なプリペイドカード。キャッシュレス化を推移する効果が期待されている。海外では普及し始めているが、日本でも解禁に向けた議論が進んでいる。

ペイロールは、キャッシュレス決済の普及をさらに後押しする施策として注目されている。海外では普及し始めているが、日本ではデジタルマネーによる賃金支払いは認められていない。労働基準法によって給与支払いは「原則、現金払い」と定められており、例外規定で銀行口座や証券口座への振り込みが認められている。これにペイロールが提供する口座を新たに加えるかどうか、ペイロール解禁への議論が現在進められている。

ペイロールへの期待の背景には、インターネットを介して単発で仕事を請け負うギグワーカーやフリーランスなど多様な働き手の増加がある。報酬を好きなタイミングで受け取りたい場合、ペイロールは非常に便利な仕組みとなる。

日本国内で銀行口座の開設が難しい外国人労働者は、生活上で不便が生じる。ペイロールは、銀行振り込みに代替する賃金支払い手段として外国人労働者の生活条件を改善できるメリットがある。また、デジタルマネーによる決済や送金サービスを手がけるフィンテック企業では、銀行が担ってきた給与の振り込み業務に参入できる商機となる。

最大の論点は、資金移動業者が経営破綻してしまった場合の利用者保護のスキームだ。銀行の場合は預金保険制度で給与が保護されるが、ペイロールはその仕組みが無い。資金移動事業者が破綻した場合も、保証を通じた支払いができる仕組みが検討されている。

レグテック

金融分野などの複雑な規制に対して、（人工知能などの）革新的なIT技術を活用し「業務の効率化」や「コンプライアンスや規制遵守の向上」につなげるソリューションを指す。

レグテック（RegTech）は「規制（Regulation）」と「技術（Technology）」を組み合わせた造語で、最新のIT技術を活用して複雑化・高度化が進む金融規制に対応するソリューションを示す。

2015年頃から主に英国・米国で使われ始め、最近、日本でもフィンテックと並び注目されている。フィンテックの一領域で、金融機関が政府から課された規制に対して、技術を使って「効率的に」・「効果的に」対応するソリューションとされている。

導入の背景として、2008年金融危機後の複雑化・高度化する金融機関への規制範囲の拡大と、それらに対応する金融機関のコンプライアンス負担や人件費等費用の増加が挙げられる。レグテックは、そのような課題を革新的なIT技術を使って「効率的に」・「効果的に」解決しようとして生まれた。

調査会社によれば、世界のレグテック市場は2021年時点で約50億〜70億ドル規模と見込まれる一方、日本のレグテックが本格化するのはこれからだと言える。

レグテックの課題として、多様な法制度や規制を理解した上でサービスを提供する必要があり、立ち上げの難易度が高い点が挙げられる。さらに、規制の強化・緩和などの環境変化によってはサービスが成立しなくなるリスクもあり、現在の規制対応だけではなく、中長期的視点からの変化にも柔軟に対応できるレグテック推進が期待される。

ロボアドバイザー

ロボアドバイザーとは、いくつかの問いに答えると投資ポートフォリオの提案を自動で行ってくれるサービス。投資に対する心理的障壁が高い顧客の開拓ツールとして活用される。

ロボアドバイザーとは、一般的に顧客がオンライン上でいくつかの設問に答え、そこから読み取れる投資に関わる嗜好性から、投資ポートフォリオを提案するサービスを指す。当初は独立系のサービスとして登場したが、徐々に金融機関自身のサービスとして取り込まれ、両者間の連携も拡大している。日本でのサービスは基本無料でポートフォリオを提案するものだが、自動で資産の組み換えなどを行うサービスもある。

ロボアドバイザーは、人によるサービスではカバーしきれなかった少額投資層への付加サービス提供を低コストで実現するのに役立っている。投資未経験層が持つ投資への抵抗感を緩和し、投資家層の裾野を広げている。また、直接顧客にではなく営業担当者にアドバイスすることで、顧客提案の品質向上を促す取り組みもなされている。

「ロボ」という言葉が持つ先進的イメージに対し、実態は簡易な設問に基づくおおまかな提案に過ぎず、従来は営業上のスパイスにとどまることが多かった。しかし、資産運用プロセス全体の自動化サービスをうたう企業が台頭し、従来は投資信託や積み立てのみを行っていた層に利便性と明快さで新たに訴求しつつある。一方、高度化への寄与は限定的であり、より投資への関心が高い層には人と連携しつついかに付加価値のあるアドバイスを提供できるかがポイントとなっていく。

BaaS

BaaS（Banking as a Service）とは、銀行が提供する機能をクラウドサービスとしてAPIを経由して提供することを指す。銀行APIの開放により、BaaSも普及しつつある。

「○aaS」は、○をクラウドサービスとして、提供することである。ここで、クラウドサービスとは、スマートフォンやPCなどを操作してインターネット経由で別のコンピューターが提供する機能を利用することを指す。

フィンテックが提供する会計アプリや資産管理アプリを使用する場合、銀行口座のデータを照会する必要がある。BaaSを利用すれば、利用者が各種アプリを操作することにより、ネット経由で残高情報を取得できるようになる。

会計等のアプリが銀行のシステムにアクセスし、安全なデータのやりとりを可能にする仕組みが銀行API（Application Programming Interface）である。2017年5月に成立した**改正銀行法**では、銀行に対してAPI開放（オープンAPI）を努力義務として課した（施行は2018年6月）。こうした行政の後押しにより、我が国でも銀行とフィンテックが連携した与信の提供や家計簿サービスが登場し始めている。

近年、海外では**埋込型金融（embedded finance）**が注目され始めている。埋込型金融とは、BaaSを活用して一般事業者のサービスに金融機能を組み込んだものである。具体的には、ショッピング時にフィンテック事業者が自動審査により**分割後払い（Buy Now Pay Later、BNPL）**を提供するサービスがある。2021年に米アマゾンが導入を決定しており、BNPLは米国等で普及が進みつつある。

BNPL（後払い決済サービス）

BNPLは「Buy Now, Pay Later（今買って、後で払う）」の略語。後払い式の決済手段の一つで、クレジットカードのような厳しい事前審査がなく、欧米先進国を中心に利用が広がっている。

BNPLはオンラインショッピングを中心に利用されている。BNPL事業者が小売店（加盟店）に立て替え払いする一方、ユーザー（消費者）は分割払いで支払いを行う仕組み。

ユーザー側にはクレジットカードのような厳しい事前審査がない上、分割払いの金利や手数料等が原則としてかからない。「手数料を払いたくない」「一括払いをするほどの余裕はない」という層に対し、これまで買えなかったものを買えるメリットが提供できる。

小売店側はBNPL事業者に手数料を支払う必要があるが、クレカや銀行口座を持たない層向けに代替する決済手段を提供することで顧客ベースを広げられるメリットがある。

スウェーデンのKlarna、米国のAffirm、オーストラリアのAfter Payといったフィンテック企業がBNPL事業者として市場をけん引する。日本ではPaidyやネットプロテクションズなどが存在するが、欧米比で規模は小さい。BNPLユーザーの中心は若者層や現役世代。「金利・手数料を払いたくない」「クレカの審査に通らなかった」といった若者層が利用する傾向にある。

BNPLの急速な普及に伴ってリスクも指摘されている。利便性が高いがゆえに支払能力を超えて支出する消費者が増え、結果として過剰債務を抱えてしまうようなケースの増加である。海外当局からは規制強化に向けた動きが出ており、今後のBNPL市場の拡大に影響する可能性もある。

CDO（最高デジタル責任者）

企業のデジタルトランスフォーメーションを推進する執行責任者。デジタルによるビジネスモデル変革、全社的なデジタルビジネスへの適応推進、組織の最適化等が主な役割。

CDOは欧米においては既に一般化した役職となっているが、近年、国内においてもCDOを設置する企業が増えつつある。**DX（デジタルトランスフォーメーション）** の推進にあたって、IT化を推進する役割である従来のCIO（最高情報責任者）とは別にCDOを設置する主な背景としては、DXが単なるIT化にとどまらないデジタルによる全社的なビジネス変革であることから、ITシステムの最高責任者であるCIOが通常及ばない権限が必要になることにあると考えられる。言い換えれば、CDOを設置する場合は、全社的にデジタル変革を推進することができる広範かつ強力な権限をCDOに付与することが重要となる。

一般に、DXを推進する役割を担っているCDO以外の役職としては、CEO（最高経営責任者）、COO（最高執行責任者）、CSO（最高戦略責任者）、CMO（最高マーケティング責任者）等のケースが存在しており、DXの推進にあたって必ずしもCDOの設置は必須ではなく、DXにより目指すビジネスの姿や、企業におけるDXの進展の状況等によってその推進役のあり方も異なる。CDOを設置する意義としては、全社的にDXを推進するリーダーを企業内外に明確に位置付け、強力に変革を推進するという点にある。

一方で、デジタルによる変革が企業の組織的能力や文化として根付いた状況では、独立した役職としては必ずしも必要がなくなるとも考えられる。

eKYC

KYC（Know Your Customer）は本人確認を意味する。インターネット等を利用した電子的（electronic）な手法による本人確認がeKYCである。

麻薬組織やテロリスト等の犯罪組織への資金供給を絶つことは国際的な課題となっている。我が国では、**犯罪収益移転防止法**（以下、犯収法）により、金融機関等に対し厳正な本人確認や取引記録の保存、疑わしい取引の届け出義務が課されている。

従来の犯収法に基づく本人確認の手続きは、対面や書類の送付を基本としていた。電子商取引やネット上の金融サービスの普及が進展する中で、顧客の利便性を高め、金融機関のコスト負担を軽減できるeKYCの解禁を求める声が強まった。

2019年11月に犯収法の施行規則が改正され、eKYCが可能となった。新たに認められた本人確認の方法は、①顧客が本人確認書類の画像と本人の写真画像を送信する ②顧客が運転免許証等に内蔵されたIC情報（以下、IC情報）と本人の写真画像を送信する ③顧客がIC情報または本人の容貌の画像を送信し、事業者が銀行等の事業者に顧客情報を確認する ④顧客がIC情報または本人の容貌の画像を送信し、事業者が顧客名義の口座に少額の振り込みをする、である。

現在、eKYCは銀行・証券口座の開設や**QRコード決済**の登録など金融分野で主に活用されている。金融以外では、通信事業者との契約やネットでのオークション、転職サイト・結婚情報サイトの登録などの際の本人確認時にeKYCが活用されている。

GAFAM・プラットフォーム企業

GAFAMとは米国のIT企業であるグーグル（Google）、アップル（Apple）、フェースブック（Facebook）、アマゾン（Amazon）、マイクロソフト（Microsoft）の頭文字を並べた略語である。

一言でGAFAMと言っても、ビジネスモデルは大きく異なる。グーグルは高度な検索エンジンを通じて世界中の情報を整理し利用者に分かりやすい形で提供することに強みを発揮しており、その収益の大半はネット広告に依存する。

フェースブックは、実名制のソーシャル・ネットワーキング・サービスの提供に成功し、足元では全世界の利用者が27億人と言われる巨大なネットワークを構成しているが、売り上げの9割以上をSNS上の広告収入が占める。

アップルは、MacやiPadに代表されるハードウェア・メーカーであり、現在はiPhoneが大きな収益源となっている。

アマゾンは、インターネットを通じた電子商取引（EC）の巨人であるが、クラウド・コンピューティング・サービス（AWS）が収益を支える構図となっている。

マイクロソフトは、パソコンOSウィンドウズの販売を中心とした事業を展開していたが、クラウド事業「アジュール」の推進やサービスのモバイル化に注力している。

このように、GAFAM各社のビジネスモデルは大きく異なるが、①従来のビジネスモデルを陳腐化させることによって新たな付加価値を果敢に創り出している ②この結果、顧客に極めて利便性の高いサービスを提供することに成功しているという点は共通する。

こうした中で、GAFAM各社では金融サービスへの進出を積極的に行っている。例えば、

（注）フェースブックは2021年10月に社名をメタ（Meta）に変更した

グーグルでは「グーグル・ペイ」を通じてパソコンやスマートフォンからP2P送金を行えるサービスを提供しているほか、アマゾンも「アマゾン・ゴー」に代表されるように、顧客の購買・支払い行動がシームレスに行われる利便性の高いサービスを実現している。

さらに、アップルでもiPhoneやApple Watchの利用者に対して「アップル・ペイ」を提供しているが、金融機関やカード会社と連携した「アップル・カード」サービスを提供している。これに対して、金融サービスへの展開がやや遅れていたフェースブックでは、暗号資産ディエム（旧リブラ）の発行に向けた取り組みを進めている。ディエムは法定通貨等の安全資産を裏付けに資産価格の安定化を狙うステーブルコインであり、**金融包摂**の推進を主な狙いとしている。このほかマイクロソフトでは、金融機関向けクラウドサービスに注力している。

GAFAMは金融サービスを通じて得られる様々な情報を使って、AI（人工知能）、拡張現実（AR）、バーチャル・リアリティ（VR）、さらにはブレイン・マシン・インターフェース（BMI）などへの応用を図っていくものとみられる。

さらに、中国を代表するプラットフォーム企業「BATH」（百度〈Baidu〉、阿里巴巴集団〈Alibaba Group〉、騰訊〈Tencent〉、華為〈Huawei〉）も金融サービスをてこに飛躍的に発展している。中国では、QRコードを使ったモバイル決済サービス（微信支付〈WeChat Pay〉、支付宝〈Alipay〉）が重要な役割を果たしている。これらのサービスを通じて収集されたビッグデータを活用し新たなサービスが矢継ぎ早に展開しているが、最近は中国政府による規制強化に向けた動きもみられる。これらの企業が生む新たな付加価値と金融システムへの影響をしっかりと見ていく必要がある。

ITガバナンス

経営者がITにより企業価値を創出するための、ITによる効果の実現及びITに関するリスク・資源の最適化の取り組み。企業経営におけるITの重要性が高まる中で注目されている。

ITガバナンスの国際標準フレームワークであるCOBIT（ISACA発行）では、ITガバナンスとは、ITによる効果の実現と、ITに伴うリスク・資源の最適化により価値創出を実現し、ステークホルダーの期待に応えることとされている。

一般に「ガバナンス」は「統治」と訳されるが、近年の我が国における企業ガバナンスの議論は、「**コーポレートガバナンス・コード**」（東京証券取引所）制定の趣旨にみられるように、企業の持続的な企業価値向上をその目的としたものとなっている。ITも、昨今の**DX（デジタルトランスフォーメーション）**の急速な進展により企業の経営戦略とIT戦略との一体化が進み、企業経営におけるITの重要性がさらに高まっていることから、企業価値創出のためのITガバナンスが注目されている。

金融業界においては、特にフィンテックにみられるデジタル技術によるイノベーションの進展を踏まえ、**金融庁**から「金融機関のITガバナンスに関する対話のための論点・プラクティスの整理」（令和元年6月）が公表された。

なお、DXが加速度的に進展する中で、「デジタルガバナンス」との概念が登場している（例：情報処理促進法改正による「デジタルガバナンス・コード」の制定）が、デジタルによる企業価値創出に向けた経営としての取り組みをその内容としており、本質的に「ITガバナンス」の概念と整合するものと解される。

ITパスポート

ITパスポートは、ITに関する基礎知識を有することを証明する国家認定資格。金融業界では、職員のITパスポート取得を奨励する企業が増えている。

ITパスポートとは、インフォメーション・テクノロジー・パスポートの略称である。本資格は、ITを活用して業務上の問題を分析し、解決するために必要な基礎的な能力や知識を認定する国家資格であり、情報処理推進機構が運営を行っている。

従来、同趣旨の資格試験としては初級システムアドミニストレータ試験（「初級シスアド」）があった。社会の情報化の深化に伴い、2009年に初級シスアドは廃止され、ITパスポートが創設された。

試験は、①ストラテジ（経営戦略）系 ②マネージメント（経営管理）系 ③テクノロジー（科学技術）系の3分野から出題される。試験は全てがコンピューター上で実施される

CBT（Computer Based Testing）方式により、4択形式により実施されている。

金融機関の職員は、デジタル化された新サービスやサイバーセキュリティーに関する知識を身につけることが不可欠となっている。さらに、金融機関が取引先への支援を行う中で、DXに関与する機会も増えている。

金融機関は急速な情報化の進展に伴う経営環境の変化に対応する必要がある。そのため、多くの金融機関がITパスポートの取得を推奨し、職員のITリテラシーの向上を図る取り組みを実施している。具体的には、資格取得支援の対象に組み込み受験料や通信講座、テキスト等の費用を補助する動きがみられる。

MaaS

ICTを利用してモビリティ（移動、Mobility）をクラウド化し、自家用車以外の交通手段による移動を1つのサービスとして捉え、シームレスにつなぐ新たな概念。

ある目的地に出かける場合、経路の選択、交通手段の種類、交通手段の運行状況の情報を調べ、計画を立てる必要がある。複数の交通手段を使用する場合、利用者は個別に予約し、支払いを行う必要があった。

こうした、モビリティにかかわる手間を無くすものがMaaS（Mobility as a Service、マース）である。MaaSのアプリを使用すると、出発地と目的地をアプリに入力すれば複数の移動経路が提案され、選択した経路に関わる予約や決済等の機能も統合されて提供される。

MaaSはフィンランドのサンポ・ヒエタネン氏が発案した概念であり、同氏がCEOを務めるMaaSグローバル社が事業化した。MaaSは北欧で先行して普及が進展し、我が国でも2018年にトヨタ自動車がソフトバンクとの合弁会社MONET Technologies社を設立した。同社は、MaaSシステム向けのAPIの提供や相乗り配車プラットフォームの実証実験に取り組んでいる。

キャッシュレス決済サービスやローンなどのビジネスチャンスを得る可能があるため、最近では銀行がMaaSに関与する動きが活発化している。大手行ではみずほ銀行がOsaka MetroグループのMaaSに参画している。地方銀行では十六銀行がMONETコンソーシアムに参加しているほか、琉球銀行や百十四銀行は地元の観光型MaaSの実証実験に取り組んでいる。

NFT

NFTとは、一般に代替可能性のないブロックチェーン上で発行されるデジタルトークン(証票)を指し、唯一無二のユニークなデジタルデータという特性を有する。

NFTの多くは、イーサリアム上のトークン規格に基づいて発行される。NFTはコピーできないデジタルデータであることで、そのデータが本物であると保証されることが大きな特徴である。その特徴を生かし、NFTは、デジタルアートやブロックチェーン上のキャラクターなどに活用され、それらはNFTプラットフォーム上で売買することができる。

NFTを用いたデジタルアートは、高値で取引されている。ツイッターの創業者であるジャック・ドーシーCEOが2006年に投稿した初ツイートは、2021年3月にNFTとして発行されると競売の結果、約291万ドル(約3億円)で落札された。

一方、ブロックチェーンゲームでは、ベトナム発のNFTゲーム「Axie Infinity」が東南アジアを中心に流行している。NFTのキャラクターの経験値を稼ぐことで月16万円程度の収入を得る者も存在する。

これらのNFT関連市場は、デジタル資産を取引の対象とする新しい市場であるものの、暗号資産高騰に伴う投機的な側面があり、建設的な発展に向けては問題が多い。例えば、**マネーロンダリング**などで悪用されるリスクやデータを勝手にコピーして新たなNFTを発行されるなどの問題がある。

金融庁が2021年7月に発足した「デジタル・分散型金融への対応のあり方等に関する研究会」において、議論対象にNFTが含まれているため、この領域に対する規制整備は今後推進されると考えられる。

RPA

Robotic Process Automationの略。従来、人間が対応していたコンピュータ上の操作を自動化すること。業務の効率化や経費の削減が可能になる。

DX・フィンテック

日本RPA協会によると、RPAとは、「これまでの人間のみが対応可能と想定されていた作業、もしくはより高度な作業を人間に代わって実施できるルールエンジンやAI(人工知能)、機械学習等を含む認知技術を活用した新しい労働力を創出する仕組み」である。

金融機関では、1つの手続きから複数の単純な事務作業が発生する場合が多く、日々大量の定型作業を正確に遂行する必要がある。これまで金融機関は、職員が書面上に記載されたデータを処理していた。近年、光学文字認識技術(OCR)により書類の電子化が容易となり、目視による確認や転記などの作業に関して、自動化を可能にする環境が整いつつある。

現在、政府が進めている働き方改革に対応するためには、生産性の向上による労働時間の削減が不可欠である。RPAは定型業務の作業時間の短縮、事務ミス削減をする決め手となる可能性が高い。さらに、RPAによって低付加価値の業務の従事職員の有効活用がしやすくなり、サービスの高品質化により顧客満足度の向上が図られることも期待できる。

一方、RPAの導入時には、業務内容の変更や人員の配置転換等に対し、抵抗が生じる可能性がある。また、RPAの導入に際しては、業務手順の大幅な見直しが必要となる場合が少なくない。RPAの導入を円滑に進めるためには、経営者がこれらの課題に対して適切に対処する必要がある。

STO

STO（Security Token Offering）は、デジタル証券（Security Token）を活用した資金調達手段。株式や債券、不動産などがブロックチェーンに乗せてデジタル化され取引される。

STOとは、デジタル証券を活用した資金調達手段のことである。STOでは株式や債券といった伝統的な金融商品だけでなく、流動性が限られる小規模な不動産や非上場企業、ヘッジファンドなどもブロックチェーンに乗せてデジタル化することで、管理を容易にし、個人など小口の投資家にも販売できるようになり、従来以上に幅広いリスクマネーの流入が見込める。

日本においても、2020年5月に改正**金融商品取引法**が施行されたことで、2021年3月末に、三井住友信託銀行がクレジットカード債権を裏付けとしたデジタル証券の国内第1号を発行している。同年4月には、SBI証券が社債1億円を発行した。さらに、同年8月には、三菱UFJ信託銀行が、不動産運用会社ケネディクスが保有する居住用不動産をデジタル証券化し、野村証券とSBI証券が個人向けに販売している。

STOがさらに普及するためには、デジタル証券を購入した投資家が機動的に売買できるセカンダリー市場が必要となる。SBIホールディングスと三井住友フィナンシャルグループは、デジタル証券の私設取引所（PTS）「**大阪デジタルエクスチェンジ（ODX）**」を共同設立し、2023年度の取引開始を目指している。また、三菱UFJ信託銀行は、大和証券やSBI証券などとデジタル証券の活性化に向けて、ワーキング・グループを立ち上げ、必要に応じて法改正なども提言していくとしている。

TLPT

脅威ベースのペネトレーションテスト（Threat Led Penetration Test）は、実際に想定されるサイバー攻撃の脅威に基づいてシステム侵入を試み、対応力を検証するテスト。

　ペネトレーションテストは実際に稼働しているシステムに対し、サイバー攻撃を仕掛けることを指す。脅威ベースとは、現実に想定される脅威を意味する。

　2018年5月に**金融庁**が「諸外国のTLPTに関する報告書」を発表し、同年10月にはG7のサイバー・エキスパート・グループは「TLPTに関するG7の基礎的要素」を公表した。これらの報告書の公表に加え、サイバー攻撃の脅威の高まりや国際的な**サイバーセキュリティー**対策強化の潮流を受け、我が国の金融業界でもTLPTに対する関心が高まっている。

　2019年には、金融情報システムセンター（FISC）が「TLPT実施手引書」を公刊した。この手引書には、TLPTを実施するための具体的な手順や基準が示されている。

　本手引書は、システム運営を外部委託している場合の留意点など、我が国金融機関の特徴を踏まえた上でTLPTを実施するために必要な情報が示されている。

　金融庁は2018年に公表した「金融分野におけるサイバーセキュリティ強化に向けた取組方針」のアップデートの中で、大手金融機関に対し、海外大手金融機関のベストプラクティスや国際的な動向を踏まえ、TLPT等の高度な評価手法の活用を促している。

　今後は、大手以外の金融機関においてもTLPTを導入し、サイバーレジリエンスを高めようとする取り組みが広がることが予想される。

UI・UX

UIはUser Interfaceの略称で、デザインや操作性などユーザーとの「接点」を指す。UXはUser Experienceの略称で、ユーザーがUIに触れて感じとる「体験」を指す。

UIとは、ユーザーと製品・サービスをつなぐ全ての「接点・接触」のことを指す。ユーザーの目や手に触れるものはすべてUIとみなせる。Webサイトであれば、「画面がすっきりしている」「ボタンが分かりやすい位置に配置されている」など、見た目や使いやすさを表す言葉がUIである。

これに対し、UXとは、ユーザーが製品・サービスを通じて得られる全ての「体験・経験」を指す。美しいデザインと優れた操作性(UI)によって、ユーザーが「楽しい」「感動した」と感じられる体験を提供することがUXとなる。

UIとUXは文字も語感も似通っているため混同されることが多い。UIはUXの中に内包される概念である。Apple製品のiPhoneを例にすると、iPhoneを所有することで得られる楽しさや満足感がUXである。UXはデザイン性の高さや優れた操作性というUIによってもたらされる。高いUXを実装している商品・サービスは、例外なく優れたUIを備えている。

問題は同じUIでも顧客一人ひとりによって感じ方(UX)が異なる点にある。同じデザインでも素晴らしいと感動する人もいれば、不快に感じる人もいる。この点は「良いモノであるだけでは、ユーザーを満足させることにつながらない」という示唆につながる。良いモノを作ることに全力を注ぐだけではなく、「UXを最大化するために必要なUIとは何か」。こうした視点を持つことが何より重要になっている。

II 業務、商品・サービス

社会保障、税、災害対策などの手続き・事務処理効率化へ
金融機関でもマイナンバーの活用が進む（総務省「マイナ
ンバー制度の目的と効果」）

銀行、証券、保険の商品・サービスをワンストップ
で提供する金融サービス仲介業が、2022年は本格化
しそうだ（写真は中村 仁・日本金融サービス仲介
業協会 会長）

ウェルスマネジメント

個人の財産管理サービスの総称。富裕層向けに提供される資産運用、管理、承継をはじめとした総合金融サービス。プライベートバンキングとほぼ同義の意味で使われている。

「ウェルス(Wealth)」は、「財産、富」の意味で、ウェルスマネジメントは、顧客の金融資産、不動産、事業などの財産の運用、管理、承継に関するニーズについて、包括的なサービスを提供する個人富裕層向け総合金融サービスのことを指す。

プライベートバンキングは銀行業務以外の付加的なサービス提供が求められること、証券や不動産など、銀行以外の事業者が資産運用に関する富裕層向けサービスを展開していることから、ウェルスマネジメントが呼称としてより広く使われつつある。

サービスの主な担い手は国内外の銀行、証券会社である。業法上の制約から、各社の提供サービス内容は同一ではない。

国内で1億円以上の純金融資産を持つ富裕層は、2019年時点で132万7,000世帯、純金融資産総額は約333兆円ある。リーマン・ショックで富裕層は一時的に減少したが、アベノミクスが本格化した2013年以降、富裕層の世帯数と資産総額は増加基調にあり、大手金融機関はもとより地方銀行においても、専門部署設置の動きがみられるなど、各社は数少ない成長事業としてウェルスマネジメント事業に注力する姿勢を見せている。

一方、個人向けのフィナンシャルプランニングサービスをウェルスマネジメントサービスとして提供する**IFA(独立系金融アドバイザー)**も増えており、裾野拡大の動きが見られる。

エコシステムの構築

エコシステムとは、企業や自治体、金融機関などが事業や商品開発で協力しあう仕組み。地域銀行などで異業種連携を通じてエコシステム構築を掲げる動きが出てきている。

エコシステムとは、企業や地方自治体、金融機関、NPOなどが事業や商品開発で協力しあう仕組みである。多種多様な業態の参加者から成り立つ「産業の生態系」とも言える。業種や業界の枠を超えた異なる立場の参加者が創意工夫し協業・分業することで、環境問題や社会問題など様々な課題を解決し、顧客サービスの向上や新たなサービスの創出を図るものである。

その中で、地域経済エコシステムとは、地域経済及び地域社会の活性化・持続可能性を高めるために、企業、金融機関、地方自治体などが、相互補完関係を構築するとともに、多面的に連携・共創していく仕組みである。地域経済において、人口減少や過疎化が進む中、**事業承継**や人材確保、高齢化社会、観光産業の振興、市街地活性化といった課題の解決が具体的な目的になる。実際、地域銀行などで異業種連携などを通じてエコシステム構築を掲げる動きが出てきている。

例えば、山口フィナンシャルグループでは、地域内の消費活性化を促進するためのエコシステム構築に向けたプラットフォームの展開を開始しており、地域で働く人の生活の豊かさ向上と経済規模拡大を図り、地方創生につなげていくことを目指している。また、ソフトバンクと共同でシニアを支援するエコシステムを構築し、地域のシニアが安心・安全・元気に暮らせる社会の実現を目指している。

外貨建て保険販売資格制度

全ての外貨建て保険販売人を対象とする「外貨建保険販売資格試験」。外貨建て保険に係る苦情増加が背景にあり、2020年10月試験開始、2022年4月から販売資格者登録制を開始。

生命保険協会は2020年2月21日、外貨建て保険を販売する募集人に共通する「外貨建保険の販売に必要な業務知識」「苦情縮減に資するコンプライアンス・リテラシー」の向上を内容としたカリキュラムによる業界共通の教育・試験制度の導入を公表した。

変額保険販売資格と同様に、専門課程試験の合格と業界共通カリキュラムによる履修を登録要件とし、2020年10月に試験を開始、2022年4月には「外貨建て保険の販売者資格登録制度」が始まり、無資格の販売員には外貨保険の取り扱いが禁止される。

本資格試験創設の背景には、銀行等代理店による外貨建て保険に係る苦情件数が、増加傾向にあることが挙げられている。また、**金融庁金融審議会**市場ワーキング・グループにおいても「販売員の知識・スキルに格差がある」「商品知識・説明力不足に不満を持つ顧客も多い」等の指摘がされている。

こうした中、生命保険協会では、金融機関によるアフターフォローの強化、募集人教育の向上、適合性確認の強化の視点で苦情縮減に向けた取り組みを検討し、その一環で資格試験の創設に至った。受験者は85万人規模に達する見通し。募集人教育を向上させて、増加傾向にある外貨建て保険の苦情縮減を図るとしている。各募集人が外貨建て保険の特性・留意点を踏まえた上で、丁寧かつ十分な説明を行うことが期待される。

銀行間振り込み手数料の引き下げ

長年にわたり固定されていた銀行間手数料が、公正取引委員会の指摘や政府による成長戦略実行計画の閣議決定を受け、2021年10月より引き下げられた。

2020年4月、公正取引委員会による全国銀行データ通信システム（全銀システム）の閉鎖性と銀行間手数料高止まりへの指摘や、2020年7月に閣議決定された政府の成長戦略実行計画において「銀行間手数料を全国銀行資金決済ネットワーク（全銀ネット）が定める仕組みに統一し、合理的な水準への引き下げ」が明記されたことを受け、全銀ネットは2021年10月より銀行間手数料を見直した。

銀行間振り込みは、仕向け銀行が利用者から受け取る手数料の一部から、振り込み額が3万円未満は117円、3万円以上は162円の手数料がこれまで被仕向け銀行に支払われていたが、処理コストや被仕向け銀行の為替事業継続に必要な利益相当分を踏まえ、その金額が一律62円に引き下げられた。さらに5年ごとに見直しが行われることが決まり、名目も個別銀行間の協議により定めた「銀行間手数料」から、全銀ネットが定める「内国為替制度運営費」に変更された。

これに合わせ、メガバンク、地方銀行、インターネット専業銀行など多くの金融機関が、2021年10月より利用者に対する振り込み手数料を引き下げた。また、手数料高止まりへの別の対応策として、メガバンク3行、りそな銀行、埼玉りそな銀行の5行は、2021年7月に多頻度小口決済のための新たな決済インフラを運営する「ことら」を設立。2022年度上期から個人間送金の取り扱いを開始する予定。

銀証連携

銀行と証券会社による業務やサービスの連携。規制緩和によって日本でも実現。ワンストップサービスで顧客の利便性が向上し、金融機関側も取引層や業務の拡大が期待できる。

日本では、銀行と証券会社の業務は厳しく分けられてきた（銀証分離）。しかし、1993年の金融制度改革で銀行と証券会社は、子会社設立による相互参入が可能となった。その後、持ち株会社方式での銀行・証券子会社の保有、銀行の投信窓口販売解禁や株式取り次ぎ解禁、**ファイアウォール規制**の緩和、役職員の兼務解禁など規制緩和が進んだ。さらに、顧客が上場企業であれば、事前同意なく銀行と証券会社が情報共有できる規制緩和も実施される見込みだ。

銀証連携は、銀行にとっては、株式など幅広い金融商品を預金者に紹介できる。証券会社は、銀行からの新たな顧客層が獲得できる。また、銀行の融資やM&A機能と一体と

なった法人営業に活用できる。

みずほフィナンシャルグループでは、みずほ信託銀行を加えた「銀・信・証連携」を進めている。みずほ銀行は全店で金融商品仲介を行い、みずほ証券は全店が銀行代理店である。リモートも活用した店舗における銀信証ワンストップのコンサルティング提供や、ネット取引における銀信証の一体化も進めている。

地域銀行では、横浜銀行などが証券子会社を保有しており、銀行と証券子会社一体となって、金融商品ビジネスの拡大などに努めている。

なお、銀行の優越的な地位の乱用や利益相反の弊害など顧客や投資家に不利益が生じないよう、内部管理体制の強化が銀行に課せられている。

金融サービス仲介業

2020年の「金融商品の販売等に関する法律」の改正により、創設された新業態のことで、銀行・保険・証券のどれか1つに登録することで、全分野での仲介が可能になる。

2020年6月に「金融商品の販売等に関する法律」の改正が公布され、2021年11月1日施行されることにより、新たな業態として「金融サービス仲介業」が創設された。

従来は、銀行、保険、証券の三分野で契約締結を仲介する場合には、個別登録する必要があったが、金融サービス仲介業では、三分野いずれか1つの登録ですべての分野において仲介が可能になる。また、従来採用されていた分野ごとに特定の金融機関に所属するという所属制も廃止される。

新制度では、基本、金融機関は業者の指導義務や業者が顧客に与えた損害に対する賠償責任を負う必要がなくなる。また特例として「電子金融サービス仲介業者に対する電子決済等代行業の登録免除」も定められた。これらは「業務を適切かつ確実に遂行するための体制や財産的基礎の条件が整っている」ことが前提とされている。

顧客保護の観点から、リスク低減を目的として、取り扱う商品・サービス範囲は「仲介にあたって高度な商品説明を要しないと考えられる商品・サービス」に限定している。

今まで手がけてこなかった分野におけるサービスの提案により、顧客の幅が広がる点、新仲介業者のうち一定の要件を満たす業者は電子決済代行業の登録も不要になり、提案から決済をオンライン上で一元化できる点、対面を含め様々な事業者が参入できる点などから、注目を集めている。

クロスボーダーローン

日本国内の金融機関から、取引先の海外現地法人に直接融資を行うこと。「現地貸し付け」とも呼ばれる。近時では、日本政策金融公庫と協調して融資を実行するケースもでてきている。

日本企業の海外子会社（現地法人）の資金調達は、親会社が日本で国内の金融機関から融資を受け、その資金を現地法人に転貸する「親子ローン」や、親会社の日本での取引金融機関が、現地で提携する海外の金融機関宛に債務保証することで融資を受ける「スタンド・バイ・クレジット」（信用状）が一般的だった。

しかし今日では、国内の金融機関から、現地法人へ直接融資をする「クロスボーダーローン」が増加傾向にある。

クロスボーダーローンの利点は、現地法人が日本から直接、日本の安い金利で資金調達できることである。さらに、国内の親会社にとっては、親会社単体の貸借対照表に影響が無い、親子ローンと違い転貸事務が必要無い、地域によっては現地通貨建てでの融資も受けられ為替リスクを回避できるなどの利点がある。

2021年から、日本政策金融公庫も、特定の国で、条件を満たした先への取り扱いを開始した。それに伴い、国内の金融機関が、自行の取引先に対し、日本政策金融公庫と協調してクロスボーダーローンを実行するケースもでてきている。

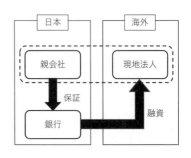

経営者保証

中小企業などが金融機関から融資を受ける際、経営者が企業の債務返済を保証すること。2020年4月、これまでの弊害を是正する民法改正法案が施行された。

中小企業などが金融機関から融資を受ける際、経営者やその家族など個人が企業の債務返済について保証することが一般的に行われている。金融機関の立場から見れば、経営者の経営責任を明確にする狙いがあり、債権回収の確実性を高める効果がある。しかし、借り手が事業などに失敗した場合、個人保証があると経営者や家族に返済義務が及び、成長が期待できる事業を計画している経営者であっても、借り入れをためらうことが少なくない。このことが、中小企業の活力を阻害しているとの指摘が以前からなされてきた。

2020年4月1日に施行された民法改正法案では、経営者や、経営者と一定の関係にあ

る者（取締役や従業員として籍を置く配偶者など）以外の第三者による個人保証は原則的に無効とされた。また、債務の保証を個人に依頼する時は、契約締結段階、保証債務履行前の段階、期限の利益喪失段階の3段階で、主債務者や債権者に情報提供義務が課せられるようになった。

2014年2月から先行的に適用が始まった経営者保証に関するガイドラインの成果は既に着実に表れており、2020年度における政府系金融機関の新規融資に占める経営者保証に依存しない融資割合は、件数で38％（前年度39％）、金額で64％（同55％）に達している。特にコロナ禍の影響を受けた事業者への支援を反映し件数、金額は急増した。

口座維持手数料

口座維持手数料とは、金融機関に預貯金口座を持っているだけで、毎月利用者に課される手数料である。普通預金などの決済性口座が対象で一定の預金残高があれば免除される。

近年、金融機関における収益低下が進む中で、口座維持手数料の議論が高まりつつある。2001年頃、ジャパンネット銀行や東京三菱銀行（当時）など一部の金融機関で口座維持手数料が導入されたが、現在ではごく一部の金融機関を除き、廃止されている。

口座維持手数料は海外では一般的な制度であり、米国では大手行を中心に約4割の金融機関で導入されている。一般的な手数料水準は月額5〜20ドル程度で、一定の預金残高（500〜2,000ドル程度）があれば免除される

日本における預貯金口座数は定期性口座も含めると約12億口座もあり、英国の約1億5,000万口座、韓国の約1億7,000万口座に比べても際立って多

い。その最大の要因が、口座維持手数料が課されないために、気軽に口座開設ができるためであると言われている。日本では、使われず忘れ去られてしまう口座が多く、12億口座のうちのかなりの割合が不活動口座とみられている。使われないまま10年経過した**「休眠口座（預金）」**は毎年1,200億円も発生し、また、不活動口座は不正利用の温床になるリスクも大きい。1口座の維持・管理に毎年かかるコストは、通帳の印紙税200円やシステム費用などを含めると2,000〜3,000円程度とも言われ、金融機関にとって大きな負担となってきた。

口座維持手数料導入の議論は、こうした口座の維持・管理にかかる膨大なコストが金

融機関経営に大きな負担となっていることが背景にある。一方で利用者側には「預貯金口座の開設・利用は無料が当たり前」という意識が定着している。

利用者からの反発を恐れる国内金融機関としては、これまで口座維持手数料の導入に慎重な姿勢をとってきた。利用者向けアンケート調査等を見ても、口座維持手数料導入について容認するという回答は数％に過ぎない。こうした中、口座維持手数料導入に向けた第1歩とも言うべき注目される取り組みが始まった。

その1つが、りそな銀行が導入した「未利用口座管理手数料」である。最後の入出金から2年以上1度も取引が無いなど一定の要件に該当する普通預金口座に対し、年間1,320円（税込み）の手数料を課すもので、残高が未利用口座管理手数料未満になると自動解約となる。利用者の反発もほぼ見られないことから、多くの金融

機関が同様の手数料の導入に踏み切った。また、みずほ銀行は2021年1月から70歳以上の利用者を除き、新規の口座開設者を対象に1,100円（税込み）の「通帳発行手数料」を徴求。同様に三井住友銀行でも2021年4月に「紙通帳利用手数料」を新設している。

いまだ日本では口座維持手数料という包括的な手数料導入のハードルは高い。多くの金融機関は利用者心理に配慮しながら、紙の通帳発行や大量硬貨取り扱いなど利用者の理解が比較的得られやすいサービスを対象に、手数料の導入を進めている。

一方で、銀行間送金手数料など、金融機関の手数料については、常に批判の的となっている。口座の維持・管理にかかるコストを利用者に転嫁するだけでなく、金融機関自身がDXにより提供するサービスや業務プロセスを変革し、コスト削減を進めることも重要である。

サブスクリプション

月額料金や年額料金などの一定期間の定額料金（利用料）で、契約期間中に利用者に対して定められた商品やサービスを提供するビジネスモデルのことである。

業務・商品・サービス

サブスクリプションは、従来は新聞・雑誌や牛乳などの商品の定期購読や定期購入といった、フロー型のビジネスモデルの意味で使用されていた。

しかし、近年はシェアリングエコノミーの台頭に伴う「所有から利用へ」の消費者の意識の変化や、インターネットビジネスの普及に伴い、一定期間中に定められた商品やサービスを定額で消費者に提供するストック型のビジネスモデルの意味で使用される機会が多くなってきている。

サブスクリプションの形式で提供される商品やサービスは、一般的に「サブスクリプションサービス」と称され、大きく「デジタル系サービス」（動画、音楽、電子書籍、ゲーム、ソフトウェアなどの定額配信サービス）と「非デジタル系サービス」（自動車、家具・家電、洋服、飲食、子ども用商品などの定額利用サービス）に分類される。

サブスクリプション事業者のメリットとして、一定期間の契約による収益の安定や消費者の囲い込みができる点、消費者の利用実績の情報をマーケティングや新たなサービスへ活用することができる点などが挙げられる。

矢野経済研究所「2021サブスクリプションサービスの実態と展望」によると、国内の一般消費者向けのサブスクリプションサービスの市場規模は、2020年度は約8,760億円であり、2023年度には約1兆1,500億円の規模に増加すると予測されている。

サプライチェーンファイナンス

企業間のサプライチェーンに着目し、電子化された発注書や売掛債権を資金化する金融サービス。ブロックチェーンを活用したサービスの開発が進行しつつある。

「購買−生産−販売」の一連の供給網（サプライチェーン）には、多くの企業が参加しており、グローバル化が進展する中でその構造は複雑化している。こうした中で、サプライチェーン内での発注や納品などの動きを把握し、必要な資金をタイムリーかつ低コストで供給する金融サービスがサプライチェーンファイナンス（Supply Chain Finance、SCF）である。

SCFは、リーマン・ショック後に欧米の大手銀行が資金調達に窮していた中小企業向けに開発を始めたとされている。近年は、フィンテック企業がSCFを提供する動きが活発化し始めている。

具体的なSCFの手法としては、電子化された発注書を資金化するPOファイナンス（Purchase Order Finance）や、売掛金の電子記録債権の買い取りなどがある。貿易金融の分野においても、近年、船荷書類等のデータを電子化して交換する貿易金融EDIの導入が進められつつある。

2020年12月、日立製作所とみずほフィナンシャルグループは、ブロックチェーン技術を活用し、物流業界の輸配送代金を早期に資金化する実証実験を開始した。ブロックチェーン技術により、データの真正性や耐改ざん性が確保される。利用企業はSCFを利用できるほか、関係する事業者間でのデータの共有が容易となり、金融・商流・物流の高度な一体的管理が可能となることが期待されている。

事業承継

事業承継とは、会社の経営を後継者に引き継ぐことを言う。銀行や証券会社では事業承継ビジネスを強化しており、事業承継に係る不動産仲介など規制緩和要望も出されている。

事業承継には、①親族内承継 ②親族外(役員や従業員など)承継 ③M&A——の3通りがある。中小企業経営者の高齢化と後継者難が深刻化しており、事業承継税制の特例が創設されるなど税制面での対応も行われている。

特に、事業承継時の**経営者保証**が後継者候補の確保の障害となっている。中小企業庁によると、新規融資で経営者保証の無い割合は、政府系金融機関平均が36%、民間金融機関平均は26%と改善傾向にあるが、低水準にとどまる(2020年度上期)。また、中小企業基盤整備機構によると、事業承継を拒んだ後継者候補のうち経営者保証を理由とした人は、59%に上る。

このため、中小企業庁では、金融機関と中小企業者の双方の取り組みを促すため、2020年4月より、事業承継時に一定要件の下で経営者保証を不要とする新たな信用保証制度を創設するとともに、専門家の確認を受けた場合、保証料を大幅軽減する施策を導入した。

同年10月には「中小企業成長促進法」が施行された。他の事業者から事業用資産や株式を取得して事業承継(第三者承継)を行う者が、経営者保証が無くてもM&A資金の調達を行えるための保証制度も設けられた。事業承継の円滑化による廃業リスク回避や、中小企業の事業継続の後押しが期待されている。

西中国信用金庫では、山口県などの専門機関と連携し、地元取引先に対して、事業承

継時に経営者保証を不要とする信用保証協会の保証制度を活用している。また、同資金は萩山口信用金庫、東山口信用金庫、信金中央金庫、信金キャピタルとともに「山口県しんきん事業承継パートナーシップ」を締結し、全国の信用金庫を対象にしたM&Aプラットフォーム「しんきんトランビプラス」を活用することで、取引先の事業承継支援を連携して強化している。

中国銀行では、グループ会社に専門部署を新設し、経営課題を抱えている企業に対して、事業計画の策定から5年程度にわたり伴走型で支援することで、事業承継やM&Aの際に円滑に進むようにするという。

銀行や証券会社では、①後継者対策 ②自社株対策 ③相続対策を柱に事業承継ビジネスを強化している。後継者対策では、早い時期に後継者を決め自社株の計画的な売買・贈与などにより後継者に移転する必要がある。自社株対策では、非上場企業株式で高い評価となる場合には、自社株の評価額引き下げ対策が必要となる。相続対策では、経営者に相続が発生した場合、自社株の評価額が高くなり多額の相続税が発生したり、相続人の間で自社株が分散し経営基盤が不安定になるため、遺言などで後継者に自社株が集中する対策が必要となる。

事業承継では、不動産売買や遊休地の有効活用など不動産を含む総合的な金融サポートニーズも高まっており、これら不動産仲介業務を銀行本体でできるようにすることも検討課題として挙げられよう。

また、事業承継では株価算出、相続税額・贈与税額の算出が必要となるが、規制上、銀行は相談を受けても対応ができない。税理士資格を有する銀行員が税理士業務を行えれば、銀行でスキーム提案、クロージングまでをワンストップで対応可能となり、規制緩和要望が出されている。

事業性評価

「担保・保証依存」の融資姿勢から「事業性評価重視」の融資姿勢への転換を目指すものであり、事業の内容や成長可能性などを適切に評価し、企業価値を高める取り組み。

1. 事業性評価の考え方

政府は2014年6月末に「日本再興戦略」を打ち出した。その中で「企業の経営改善や事業再生を促進する観点から、金融機関が保証や担保等に必要以上に依存することなく、企業の財務面だけでなく、企業の持続可能性を含む事業性を重視した融資や、関係者の連携による融資先の経営改善・生産性向上・体質強化支援等の取り組みが十分なされるよう、また、保証や担保を付した融資も融資先の経営改善支援等に努めるよう、監督方針や金融モニタリング基本方針等の適切な運用を図る」との方針が盛り込まれた。

金融庁では、事業性評価について、個々の企業の事業性評価(いわゆる目利き機能)そのものというよりも、より広い視点で捉えている。対象企業の事業特性や成長可能性、競争環境等を踏まえ、金融機関がどこまで的確なアドバイスを当該企業に行っているのか、経営トップのコミットメントの下、本部はどのような態勢を構築しているか、営業現場は普段から企業とどういう接触をしているか——など、金融機関が企業の事業性を評価し、企業を支えるための態勢まで含め総体的かつ多面的に評価しようとしている。

事業性評価とは、一言で言えば、取引先企業の企業価値を向上させる取り組みである。また、「地域経済・産業にどのように関与し、支えていくかという金融機関の本来的な取り組みそのもの」とも言える。

いわゆる目利き機能やコンサルティング機能を包摂する、ダイナミックな概念でもある。

コロナ禍が内外経済に甚大な影響をもたらす中、金融機関は継続的に事業者の業況、実態をきめ細かく把握し、資金繰り支援を適切に行う必要があり、今こそ実効性のある事業性評価が求められている。

2. ベンチマークの策定

金融庁は2016年9月、金融機関自身の取り組みの進捗状況や課題などについて客観的に自己評価することが重要との考えの下、2016年9月に金融機関における金融仲介機能の発揮状況を客観的に評価できる多様な指標（**金融仲介機能のベンチマーク**）を策定・公表。また、経済産業省は2016年3月、企業の健康診断ツールとして、6つの指標（財務データ）と4つの視点（非財務データ）からなるローカルベンチマークを公表し、事業性評価の入口として活用が期待されている。

3. 事業性評価の効果

金融庁金融研究センターは2018年9月、「金融機関による事業性評価の定着に向けた採算化にかかる分析・考察」を公表。以下の点を指摘している。

①事業性評価は、貸出残高や格付け改善の面において、銀行収益に一定貢献することが確認された ②事業性評価に精力的に取り組んでいる地域金融機関の共通要件としては、（ア）銀行全体として達成したい「狙い」が明確にある（イ）自行の持っている強み・リソースに基づき、事業性評価の役割を定めている（ウ）ビジネスモデルを具体的に定めている（エ）変革の旗振り役が存在している（オ）試行錯誤しながら、長期的な取り組みを行っている。

以上を踏まえると、事業性評価ビジネスモデルの効果実現に向けては5、10年後を見据えた長期的な目線での取り組みが不可欠と言える。

資本性劣後ローン

倒産した際の弁済順位が一般債権より劣後する扱いとされるローン。資本的な性格を有するため、財務分析の際には自己資本としてみなされる。

業務、商品・サービス

資本性劣後ローンは借り手企業の貸借対照表上には負債として計上されるものの、金融機関の評価に際しては資本として扱われる。原則として、期日一括返済であり、通常の長期融資のように毎月分割返済する必要が無い。金利は業績連動であり、株式配当と同様に業績好転時に引き上げられる。一般の融資に比べ回収リスクが大きいため、審査は通常よりも慎重に行われる。

今後、**バーゼルⅢ**の最終化に伴い、銀行が保有する劣後債のリスク評価は現行よりも厳格化されるものの、資本性ローンに関しては貸し出しとして評価され、中小企業向けに関しては現行よりも低いリスクウエートが適用される。

現在、日本政策金融公庫と商工組合中央金庫が、新型コロナ対策資本性劣後ローンを取り扱っている。民間銀行に関しては、大手行が航空会社などに資本性劣後ローンを実行している。地方銀行は、地域内のメイン先企業を支援する手段として、資本性劣後ローンを活用している。

資本性劣後ローンの特徴

	資本性 劣後ローン	通常の長期融資
企業決算上の扱い	資本	負債
金融機関の評価	資本	負債
リスクアセットの分類	貸し出し	貸し出し
劣後特約	あり	なし
返済方法	期日一括	分割返済
金利	業績連動	固定・基準金利連動
金融機関の回収リスク	大	小

震災時元本免除特約付き融資

震災時元本免除特約付き融資とは、大規模地震発生時に借入金の元本が免除となる融資であり、地震リスク対策、事業継続計画の一環として利用されるものである。

震災時元本免除特約付き融資とは、大規模地震が発生した場合に、あらかじめ決めた割合で元本が免除される特約が付与された融資のこと。主な商品特性は以下の通り。

震災時元本免除特約付融資を利用することで、大規模地震が発生した時には元本が免除になり「債務免除益」が計上できることから、建物、設備等の直接被害だけではなく、サプライチェーンの分断等による間接的な損害などに対して、決算上の損失相殺効果が期待できる。また既存借入金の元本が減少することで、借入余力が発生する場合が多く、企業の復興に向けての資金調達が可能になる利点もある。

近年、東日本大震災以降地震が相次いで発生していることもあり、国内では2017年以降地域銀行で相次ぎ取り扱い開始を公表している。

資金使途	事業性資金（地震対策資金以外の資金使途も可能）
融資金額	金融機関によるが、3000万円程度から10億円程度以内が多い
融資期間	5年以内が多い
返済方法	期日一括返済
震度観測点	地銀の営業エリア内の主要地点数カ所
免除条件	直接被害、間接被害の有無を問わず、震度6強以上の地震発生
免除額	元本の50%または100%

ゼロゼロ融資(実質無利子・無担保融資)

コロナ禍の影響を受けた企業の資金繰り対策として、政府が緊急経済対策の一環で導入した民間金融機関による実質無利子・無担保の融資で、据置最大5年・保証料減免を行う。

業務、商品・サービス

コロナ禍の拡大を受けて2020年5月、政府は企業の資金繰り対策等を目的とした緊急経済対策を導入した。この対策では史上初めて、事業者向けの現金給付を行う「持続化給付金」の措置が盛り込まれた。さらに、政府系金融機関による無利子融資とともに、「ゼロゼロ融資」と呼ばれる民間金融機関による実質無利子・無担保の融資制度も創設された。

ゼロゼロ融資は、都道府県等の制度融資において、「セーフティネット保証4号・5号」、「危機関連保証」のいずれかを利用した場合に適用され、一定要件を満たせば、保証料・利子の減免が行われる。融資限度額は4,000万円(拡充後)、融資期間は10年まで。一定の条件の下、当初3年間は利子補給によって実質無利子となり、信用保証料も国が負担して、ゼロまたは1/2に減免された。さらに、融資実行後、最大5年間まで元本を据え置くことも認められた。

民間金融機関が行うゼロゼロ融資の受付は2021年3月末で終了したが、日本政策金融公庫等の政府系金融機関による実質無担保・無利子融資は2021年末まで延長された。

コロナ禍という未曽有のパンデミックに直面し、政府はかつてない規模の補正予算措置を講じ、スピード最優先でゼロゼロ融資等の資金繰り支援策を促進し、2021年1月末までに約107万件、約17兆円の保証が承諾された。この結果、2021年3月末時点の全国銀

行111行の貸出残高は、前年同期に比べ24兆3,000億円（4.7％）の大幅増加となった。こうした施策が功を奏し、東京商工リサーチの調べによると、2020年度の全国企業倒産（負債額1,000万円以上）は、件数が7,163件（前年度比17.0％減）、負債総額が1兆2,084億1,100万円（同4.4％減）と、低水準にとどまった。

一方、ゼロゼロ融資等による弊害も指摘されている。第一に、金融機関のモラルハザードの問題が挙げられる。金融機関はゼロゼロ融資を通じてほぼノーリスクで貸出金利息が得られるため、融資残高の増強を優先し、本来行うべき取引先企業への多様な支援を怠っているという指摘だ。

第二に、中小零細企業の過剰債務問題である。リーマン・ショックを上回るとされた景気減速に備え、多くの中小零細企業がゼロゼロ融資等を利用して流動性確保に走った結果、全国銀行の2021年3月末実質預金残高は、前年同期比9.8％増となった。特別定額給付金の支給も残高増加要因ではあるが、ゼロゼロ融資等により企業が調達した資金が滞留している可能性も高い。

こうして企業が借り入れたゼロゼロ融資は、3年後からは利払いが発生し、5年後からは元本の償還も始まる。この「3年・5年問題」をトリガーとして、不良債権問題が惹起されるという見方も多い。借入企業の返済が滞れば、金融機関にとってゼロゼロ融資部分の影響は小さいものの、併せて借り入れが行われているプロパー融資が不良債権化する可能性がある。一部金融機関では**フォワードルッキング引き当て**による対策等を講じているが、重要なのは取引先企業に対する丁寧なモニタリングと支援である。取引先企業の事業実態をきちんと把握し、適切な助言や支援策を講じることで、不良債権化を防ぐことが求められる。

セーフティネット保証

国の信用保証制度のうち、一般保証と別に、経営状態が悪化した中小事業者の借り入れを、一定の条件の下で保証する制度。業績悪化業種の企業を対象とする5号が中心となる。

1. 種類・保証対象

中小企業信用保険法第2条第5項では、苦境の原因に基づき以下8つの信用保証制度を定めている。1号：連鎖倒産、2号：取引先企業のリストラ等、3号：事故等の災害、4号：自然災害等、5号：業況悪化業種に属す、6号：取引金融機関破綻、7号：金融機関の貸し渋り、8号：整理回収機構への貸付債権譲渡。

うち5号措置は、国の指定する業況悪化業種に属し、直近3カ月間の売上高等が前年比5％以上減少したか、製品等原価の20％を占める仕入れ価格が20％以上上昇したが製品等価格に転嫁できない中小企業者で、市区町村長の認定を受けた者を対象とする。

またコロナ禍に関しては、直近1カ月と今後3カ月の売上高等が前年比20％以上減少する中小事業者を対象とする4号措置がある。

保証限度額は、「普通保証2億円以内＋無担保保証8,000万円以内＝合計2億8,000万円以内」である。信用保証協会の保証割合は、原則融資額の100％である。

2. 近年の動向

100％のセーフティネット保証は、金融機関のモラルハザードを生むとして、信用保証協会が融資額の80％を保証し、20％は金融機関が保証する責任共有制度による一般保証に集約することが企図されてきた。この結果、100％保証のセーフティネット保証の比率は低下してきたが、コロナ禍により再び急拡大した。

地域企業幹部人材紹介

地方創生を目的とした、地域金融機関による地方中小企業向けの幹部人材紹介事業。政府系企業からの事業構築支援やノウハウ提供、規制緩和により参入が加速している。

地方中小企業の多くで、事業モデルや業務プロセス改革における参謀役の不在、事業継承等を理由に、幹部人材採用ニーズが高まっているが、成長戦略、経営課題や優先順位が不明確であり、そもそも人材要件が定まらないという課題を抱えている。

課題解決には、①民間企業の参入を促すビジネスモデルの開発　②社会への実装（参入支援・ノウハウ開示）　③首都圏人材へのプロモーションによる経営幹部人材の地方企業への転職市場創出が必要。そこで、政府主導で2015年に日本人材機構が設立され（2021年1月解散）、組織・人材要件へのコンサルティングや人材紹介を実施しつつ、地域金融機関に対して、人材紹介事業

の構築支援やノウハウ提供等を推進してきた。

地方中小企業への支援は、地域金融機関のミッションそのものであり、また、新規融資や**事業継承**サービス等の既存業務との相乗効果も見込まれる。2018年3月の規制緩和も追い風となり、2020年3月末時点で地方銀行47行、第二地方銀行13行が人材紹介事業へ参入している。

金融庁が実施した中小企業向けアンケート調査によると、金融機関による人材紹介事業を歓迎する声がある一方、実際に紹介を受けた企業の満足度は、金融機関による他の支援事業と比較すると、必ずしも高くないことが明らかになっており、今後、事業の質の改善が期待される。

地域商社

地域産品の販路開拓・ブランディングなどで収益を確保し、そこで得た知見・収益を生産者に還元する事業を営む会社。信用力等で強みを持つ地域金融機関の参入が相次いでいる。

内閣府では、地域の優れた産品・サービスの販路を新たに開拓することで、従来以上の収益を引き出し、そこで得られた知見や収益を生産者に還元していく事業を「地域商社事業」として奨励している。

地域経済の要である地域金融機関に対しては、地域事業者と一体となって地域商社の設立・支援に取り組むことが期待されているにもかかわらず、事業会社への出資上限は原則5％とされていた。

このため、2016年5月の**銀行法改正**により、地域商社に対して5％超の出資ができるようになったが、規定があいまいだったため、2019年10月に監督指針が改正され、金融機関の付随業務であると明確化された。

事業範囲については、商品開発・販路拡大などが対象とされたが、製造・商品加工については除外された。

さらに、2021年5月の銀行法改正により、地域産品販売など地域経済に寄与する非上場企業には、100％出資が可能となった。また、地域商社事業が**銀行業高度化等会社**の対象となったことから、一定の要件を満たせば個別認可不要（届出制）となった。

地域金融機関は、自らのノウハウやネットワークを活用して、地域商社事業を行うことで地域課題の解決を目指しており、2021年10月末時点で、26地域銀行が25社の地域商社を設立している。今後も、地域商社事業への参入拡大が予想されている。

地域通貨

特定の地域・コミュニティー内の消費促進や相互扶助などを目的として、当該地域・コミュニティー内に流通範囲を限定し、個人や組織間の決済手段などとして利用される通貨。

地域通貨は、1980年代に世界各国で複数の通貨が誕生して以来、世界の様々な地域で盛んに取り組まれている。

地域通貨には法定通貨とは異なり、目的にあわせて様々な形態、特徴を有するものが存在している。

例えば、ドイツの経済学者シルビオ・ゲゼル氏が提案した「減価する貨幣」の仕組みを取り入れた「キームガウアー」は、3カ月経過ごとに2％減価する特性を持っている。その特性によって通貨の流通が促されることで、地域内の消費を後押しし、地域ビジネスを促進する役割を果たしている。

日本では、1999年に政府が配布した「地域振興券」などをきっかけに、2000年代にかけて多くのコミュニティーで地域通貨が発行された。

ただし、発行・管理にかかるコスト負担や、ユーザビリティーの悪さから、利用が進まないなどの課題を抱えていたため、サービス停止となるものが多く存在していた。そのような課題に対して、昨今は持続性を担保した地域通貨が発行され始めている。

例えば、深谷市地域通貨「ネギー」は、市職員が担っている事業について市民が協力した場合、その削減された事業費の相当額を、地域通貨システムの原資として充当する仕組みを構築している。

これにより地域課題の解決を図りながら、利用加盟店の決済に係るコスト抑制を実現し、持続的な地域活性化が可能となっている。

知財金融

著作権や特許権などの知的財産を担保にして融資する手法。土地、動産などを保有しないIT企業などの新興企業向けの融資手法の1つである。

知的財産と言われる権利のうち、融資の担保となり得るものは、法律的に権利が確定しており、担保権の設定が可能で、権利が譲渡可能、換金性があり、その権利を用いて現に事業を行ってキャッシュフローを生み出していることである。

これらの要件を満たし、知的財産担保融資の対象となっている権利としては、プログラム、音楽などの著作権、意匠権、工業所有権、各種特許権などが挙げられる。

融資手法としては、これらの知的所有権を使用することによって生み出される将来キャッシュフローを現在価値に割り引いて融資を行うことが多い。

将来の収入などの予測は困難だが、知的財産権を担保とするためには、債務不履行の際の担保処分価値を算定しておくことが必要である。

融資の対象は主にIT企業やベンチャー企業などで、一定の開発成果を上げてキャッシュフローを生み出すような知的財産を取得した後、株式公開など、次のステージへ進む際に担保不足を補うために利用されることが想定されている。

特許庁では2015年度より、中小企業の知財活用促進のため、「中小企業知財金融促進事業」を実施している。

現在では、同庁ホームページで「知財金融ポータルサイト」を設け、知財金融の公募、関連イベントを行うなど取り組みを強化している。

デジタル通帳

紙の通帳を発行せず、インターネットバンキングやスマートフォン向けアプリによる電子的な方法で確認することができる取引明細。通帳レスサービス、Web通帳などとも呼ばれる。

紙の通帳を発行しない形式の個人向け口座は、日本では1997年頃から取り扱いが始まった。当初は取引明細を一定期間とりまとめて、金融機関から顧客へ郵送する形式であったが、インターネットの普及とともに、インターネットバンキング上での確認へと移行していった。

インターネットバンキングなどで確認できる取引明細の照会可能期間は、当初1〜3カ月程度であったが、デジタル通帳の普及とともに徐々に延長され、現在では数年程度が多くなっている。

また金融機関によっては、デジタル通帳の場合、取引明細照会期間を通常より延長するサービスや、預金残高のみであれば、SNSを使って瞬時に確認できるサービスなども登場している。

開始から20年以上かけて少しずつ普及が進んできたデジタル通帳だが、昨今メガバンクを始めとした大手金融機関が、新規の口座開設における通帳発行手数料を導入するなど、一斉に取り組みを本格化させている。これには、収益環境の悪化により、コスト削減が急務となる中、銀行業態では新たな通帳発行にかかる印紙税が大きな負担となっているという背景が存在する。

しかし、過去に開設された大量の通帳発行済みの口座が存在することから、紙の通帳の完全廃止への道のりはまだ遠い。今後は、既存の通帳発行済みの口座への各金融機関の対応が注目される。

117

ノンリコースローン

貸出金の返済原資を当該事業のキャッシュフローや当該物件の処分代金に限定し、その他の資金を返済原資としない貸出形態のこと。一般貸し出しに比べ金利が高い。

リコースとは遡求権ないし償還請求権のことであり、ノンリコースとは債権者の遡及権が当該債権に限定されることを意味する。一般の銀行貸し出しでは、貸出対象の事業からの返済額や担保処分による弁済額が債権額に満たない場合には、その他の資金による返済を求める。他方、ノンリコースローンの返済原資は当該事業のキャッシュフローと当該物件の処分代金に限定され、債務者は他の資金により返済する義務は無い。ただし、債務者は資金の再調達が困難となる場合がある。

ノンリコースローンは主に資源開発や大型設備建設などのプロジェクトファイナンスで用いられるほか、証券化を前提とする商業施設・賃貸住宅向け貸し出し、不動産投資向けファンドなどへの貸し出しにも活用されている。サブプライムローン問題によって米国の住宅ローンの多くがノンリコースローンであることが知られるようになった。

ノンリコースローンは返済原資が限定されているため与信リスクが高い。従って、債権者は、対象事業のリスクを適切に判断できる知識と能力を備えることが必要である。また、与信リスクに対応して貸出約定金利を一般貸し出しより高く設定するのが通例である。ノンリコースローンでは、当該事業の資金収支や責任範囲を明確にするため、事業者が出資・設立した特別目的会社に貸し出しをするスキームも活用されている。

伴走支援型特別保証制度

コロナ禍で影響を受けた中小企業等の早期経営改善等を促すため、金融機関が継続的な伴走支援をすること等を条件に、信用保証料を大幅に引き下げる制度。

新型コロナウイルス感染症の影響を受けた中小企業等の早期の経営改善等を促すため、金融機関が中小企業等に継続的な伴走支援をすること等を条件に、信用保証料を大幅に引き下げる「伴走支援型特別保証制度」が創設された。2021年3月末に受付終了となった「ゼロゼロ融資」に代わり4月1日に開始された。取り扱い期間は2022年3月31日までとなっている。

売上額減少15%以上など一定の要件を満たせば、保証限度額4,000万円、保証期間10年以内、据置期間5年以内などの条件で金融機関から融資を受けることができる。保証料は、0.2%（補助前は原則0.85%）に引き下げられる。

この制度には2つの特徴があ

る。まず、本制度を利用する場合、所定の様式を使って金融機関と相談の上、「経営行動計画書」の作成・提出が求められる。記載すべき内容は、①現状認識 ②財務指標分析 ③具体的なアクションプランである。第2の特徴は、「金融機関による継続的な伴走支援」が求められる点である。金融機関は本制度を利用する取引先企業等に対し、「伴走者」となって継続して事業計画や資金面での相談に乗り、事業者が抱える課題解決に向けた支援を行うことが求められる。

ゼロゼロ融資等のこれまでのコロナ禍対応の諸施策は、影響を受けた企業の資金繰り対策が中心であった。一方、本制度は早期経営改善等を促すことに主眼が置かれている。

ファイアウォール規制

ファイアウォールとは、利益相反や不正取引を防止するなどの目的で、主に銀行・証券間における顧客の非公開情報共有を禁止し、情報の隔壁をつくる規制である。

ファイアウォール規制とは、**金融商品取引法**で定められている規制で、金融業界における利益相反や不正な取引の防止、優越的地位の濫用防止、顧客情報の適切な保護などを目的に、銀行業務と証券業務との間に情報隔壁をつくり、主に銀行・証券会社間における顧客の非公開情報などの共有を禁止する規制である。1993年に銀行・証券の相互参入解禁に伴い導入された。

銀行・証券会社間の顧客の非公開情報については、2008年に見直しが行われ、顧客の事前同意を得る「オプトイン」から、あらかじめ顧客に情報共有の旨を通知し、顧客が共有を望まない場合に情報供給停止を求める機会を提供することで、同意を取得したとみなし、顧客の事前同意を不要とする「**オプトアウト**」が導入された。しかしオプトアウトは、負担や利便性がオプトインと大差ないなどの理由で、銀行・証券会社での採用が限定的である。そのため、顧客に総合的な金融サービスの供給ができていないことが問題視されている。さらに欧米にはない情報共有の禁止規定が過剰と捉えられ、日本が国際金融センターとしての魅力を向上させる阻害要因になっていることも指摘されている。

2021年6月、**金融審議会**市場制度ワーキング・グループは、投資銀行業務や大企業向け商業銀行業務に相当する部分において、情報授受に関する規制について大胆な見直しを行うことなどを提言した。

ファミリービジネス支援

ファミリービジネスを所有する一族と一族事業が支え合い、共に持続的な成長を果たす関係の構築に向けた支援を指す。新たな事業承継対策の手法として注目され始めている。

これまでの**事業承継**では、承継の対象が有形資産に特化し、相続税率が高いことからその手法が税務の視点での効率性追求に偏りがちであった。しかし、ファミリービジネスは、一族の個々のメンバーの持つ知識や経験、人脈などの無形資産や、一族が総有する世間から受ける信用や尊敬、そして、その結果与えられる地域経済社会における特別の地位が一族事業の持続的競争力の源泉であり、一族のアイデンティティーの源泉にもなる。このような一族の持つ無形資産を次世代に確実に承継するには、一族と一族事業を包括的に支援する取り組みが必要であり、例えば家族憲章による理念の共有と一族会議体を通じた一族への浸透が重要である。こうした仕組みを動かし、一族の一体性を強め、財務のみならず非財務の面からも企画・運営し、一族を支援するのが**ファミリーオフィス**である。

ファミリーオフィスは昨今、資産運用を担う富裕層向けの組織と認識されがちだが、本来、一族の価値観や活動の共有、子弟の教育方針策定、社会貢献活動の実行など無形資産も含めた幅広い機能を携えている。一族は各種の外部専門家を加えた適切なチームで、実態に即したファミリーオフィスの活用が必要である。このような仕組みづくりの支援を、一族の視点から一貫して伴走できるプロフェッショナルへのニーズが高まりつつある。

フィデューシャリー・デューティー

金融商品の販売や運用に携わる金融機関が、顧客の利益を考えて行動すること。金融庁は行動規範を定めた「顧客本位の業務運営に関する原則」を策定し、自主採択を働きかける。

顧客から財産を預かって運用する受託者(フィデューシャリー)に対して顧客の利益を第一に考えて行動する責任(デューティー)を示す。欧米で浸透する考え方で、金融商品を扱う金融機関が自ら襟を正し、顧客の利益を最優先させる「顧客本位の業務運営」を徹底させるために**金融庁**が取り入れた。

2017年3月に策定した原則は、①顧客本位の業務運営方針の策定・公表 ②顧客の最善の利益の追求 ③手数料の明確化——など7原則で構成される。自主的に採択する形式を採用したのは良質なサービスを提供する金融機関が選ばれる好循環を生み出すためだ。利用者が投資信託を販売する金融機関を比較しやすくする

ため、運用損益別の分布状況を表す共通指標(共通KPI:Key Performance Indicator)も策定し、公表を促している。

自社の利益を優先する金融機関の姿勢に問題意識を強めたことが背景にある。数年前までは複雑な仕組みで高い手数料が得られる金融商品に偏って販売する例や自社グループの商品を優先する姿勢が目立っている。

2021年に原則に注釈を追加し、販売後のフォローや、類似する商品を比較提案する重要性を強調。投信を組成する運用会社には商品のリスクに合う想定客の開示を求め、利用者が理解すべき金融商品のリスクを掲載する「重要情報シート」を使った勧誘も促している。

プライベートエクイティー

プライベートエクイティー（Private Equity）は、非上場企業を対象とする投資の総称。市場を通さず、関係者間の私的な売買であることが名称の由来になっている。

投資家はリミテッドパートナーシップ形態でファンドを組成し共同出資者を募る。ベンチャーキャピタルは主にベンチャー企業を対象とするが、プライベートエクイティーの対象は、事業基盤が存在する非上場企業である。

株価上昇が見込まれる企業への投資のみならず、投資先の経営にコミットして積極的に企業価値を高め、株式上場や有望企業を対象とする経営陣による買収（MBO）で高リターンを狙う。

銀行は企業への融資のみでなく、株式保有もするプライベートエクイティー同様の役割も担ってきた。ところが、コーポレートガバナンス強化のため、政策保有株式が課題となり、金融規制や資本効率重視の要請でプライベートエクイティーとの関係が規制されるようになった。

米国では2010年に成立したボルカー・ルールで銀行の自己勘定投資、プライベートエクイティー投資が禁止され、投資額が減少した。

しかし、世界的な低金利により、各国年金運用者や金融機関、機関投資家の資金運用が困難を極めていることから、プライベートエクイティーファンドによる投資額は2012年より増加に転じた。2020年に米国では、条件付きながら一般投資家が年金などを利用してヘッジファンドや未公開株に投資できるようになった。同年にはスタートアップ投資額は過去最高になったと言われている。

プロ人材の紹介

取引先の人材確保をサポートするため、人材紹介業務が金融機関の付随業務となり、職業安定法による許可を取れば、金融機関が人材紹介事業を行えることになった。

金融庁は、2018年3月に監督指針を改正し、人材紹介業務が金融機関のその他の付随業務として明記され、金融機関は、職業安定法による許可を取れば、人材紹介事業を行うことができる旨明確化された。これにより、人手不足問題が深刻化する中で、金融機関は、取引先企業が必要とする人材の確保をサポートし、地域経済の活性化に貢献するため、有料の人材紹介業務が可能となった。ただし、人材紹介業務の実施にあたっては、取引上の優越的地位を不当に利用することがないよう留意することとされている。

2019年12月に閣議決定された「第2期まち・ひと・しごと創生総合戦略」において盛り込まれた「地域人材支援戦略パッケージ」の一環として、日常的に地域企業と関わり、企業の経営課題を明らかにする主体である地域金融機関が地域企業の人材ニーズを調査・分析し、職業紹介事業者と連携するなどハイレベルな経営人材等のマッチングを行う「先導的人材マッチング事業」が創設された。多くの金融機関が、本事業の間接補助事業者として参加している。

2021年5月の**銀行法改正**で、登録型人材派遣業務が金融機関の付随業務に加えられ、銀行本体でも労働者派遣業務が行えることになった。

2021年7月に実施された金融庁のアンケート調査によると、有料職業紹介業の許可を取得した地域銀行は、同年5月末で74行に上っている。

業務、商品・サービス

「法人の終活」と金融機関による支援

法人の終活とは、株主でもある経営者が事業承継や廃業等によって会社を手放す準備をすること。社会問題の解決と経営者サポートの両面で、金融機関の支援が期待される。

法人の終活は一般的に、**事業承継**やM&Aによって会社の存続を図る積極的終活と、債権者をはじめステークホルダーに迷惑をかけないよう廃業や清算に至る手仕舞い的終活とに大別される。いずれのケースでも、業績の悪化などによって追い込まれて仕方なく行動を起こす前に、適切な判断を下すことが大事である。なお、倒産・破綻といった最悪のケースは、終活の失敗例と言える。

多くの中小企業が、後継者不在のまま廃業予備軍となっている社会問題の解決を助け、また経営者が豊かな引退生活を送れるよう、金融機関がこの終活を支援する意義は大きい。そのためには、これまでの金融取引を軸にした取引に加えて、進退を判断するための必要情報の提供も求められる。例えば、地域やビジネス情報、商流へ影響を及ぼす国内外の政治・経済情報、M&Aやそれに伴う税務、法務の情報などがこれにあたる。

さらに金融機関は、客観的で第三者的な視点で、取引先の経営者の力量や事業への意欲、事業上の特性などを見極め、その会社の持つ有形無形の資産も勘案して、将来的な企業価値（Valuation）の算定をアシストする必要がある。このような判断の材料を提供し、その価値が相応に大きければM&Aも含めた広義の事業承継を勧め、もし現在の価値以上の見通しが立たなければ、早期に廃業や清算を勧めることになるのである。

マイナンバー活用

保険証や運転免許証としての活用に加え、近く、預金口座と個人番号を連動させ、給付金等の円滑な支給等にマイナンバーを活用する仕組みが導入される見込みである。

マイナンバーカードの保険証としての利用は2021年3月に一部で先行運用が開始され、10月20日から本格運用が開始された。今後、2024年度末にはマイナンバーカードと免許証の一体化が開始される予定である。

2016年1月のマイナンバー制度の開始以降、証券取引口座の開設などに関してはマイナンバーの届け出が義務付けられた。マイナンバー制度導入前に開設された証券口座に関しては、経過期間内にマイナンバーを届けることとされている。この経過期間は、2021年12月末で終了した。

銀行等は、預金者に対しマイナンバーの告知を要請することが義務付けられている。預貯金口座をマイナンバーと

ひも付けることは預貯金口座への付番と呼ばれ、社会保障制度の運営に必要な資力調査や預金保険制度における名寄せを円滑に行う狙いがある。一方、現行の法令上、預金者にはマイナンバーを告知する義務が課せられていない。

新型コロナウイルス対策の給付金の支給時の際、預金口座の確認に手間取り、他の先進国に比べ現金給付が遅れる事態が発生した。遅延の一因は、政府や地方自治体が国民の預金口座を把握していないことにある。この反省に基づき、マイナンバーと預金口座を連動させ、各種給付金の手続きを簡便化する仕組みの法整備が進められている。関連法案は、2022年の通常国会で審議される見通しである。

目利き力

目利き力とは、金融機関における融資審査など企業支援に際し、企業の財務や担保・保証の有無だけでなく、企業の将来性や技術力などもあわせてみる力を指す。

目利き力とは、金融機関における融資審査など企業支援に際し、企業の財務や担保・保証の有無といった定量面だけでなく、将来性や技術力といった定性面もあわせてみる力を指す。

金融庁は、成長が見込まれる有望な中小企業や新興企業などへの積極的な貸し出しを増やすため、企業の将来性を見抜く「目利き力」を養成するよう、金融機関に対して取り組みを促している。特に、地域金融機関は、地元中小企業などとの関係の強化により、事業の将来性や技術力を見る目を養い、積極的な資金供給機能が期待されている。

金融機関は、事業内容や経営状況の把握を礎に、数字に表れないモノやヒトの流れや経営者の考え方や業界動向などを含め、企業の事業内容や経営状況をより深く、正確に把握し、取引先企業の経営改善や生産性向上に資することができるように努めている。例えば、目利き力につながる技術力など事業や業界の見方、経営力や経営者の見方、担保保証に依存せず融資する勘所や、新規事業や創業支援、経営相談などが挙げられる。

もっとも、目利き力を身に付け企業にセールスやコンサルティングを行うのは容易ではない。金融機関職員が日進月歩の**DX**やバイオ、医療、先端素材などの技術や市場を理解するハードルは高い。人材育成や頻繁な訪問や面談などコストに見合った成果が得られるかの観点も欠かせない。

127

リバースモーゲージ

年金制度の一種で、「逆抵当融資」「住宅担保年金」を意味する。自宅などの居住用資産を担保に借り入れし、債務者の死亡時に担保物件を処分して融資金を返済する仕組み。

リバースモーゲージ利用者は、生存中に自宅を手放すことなく生活資金を借りられる。年金だけでは不足する生活資金の補てんや高齢者施設入居費用への充当など、自宅を子どもに残す必要が無い場合には、老後を豊かにする手段として有効である。高齢化が進む中で注目度は増している。

同制度を利用する場合、担保資産の評価額で借り入れ可能額の上限が決まる。当初は担保物件を大都市圏に限定する銀行が多かったが、地域金融機関の取り扱い拡大で対象地域が広がり、2016年4月の熊本地震被災者の住宅再建支援でも活用された。

利用上の留意点として、金利や担保価値の変動リスク、長生きリスク（借入金を年金方式で受け取る場合、長生きして融資金の合計が担保評価額を超えると、その後の融資が受けられなくなる）がある。

一般的に担保物件の売却価格が残債に満たない場合、相続人が返済する必要がある。最近は、担保物件の売却価格が残債に満たない場合でも相続人に支払いを求めない住宅金融支援機構の保険付き商品が人気で、提携する金融機関が導入を進めている。

また、生存中の毎月の利払いをなくすタイプも増えている。2005年に民間金融機関で初めてリバースモーゲージの販売を開始した東京スター銀行などでは、利息を元本に加算し、債務者の死後に一括返済する商品を本格展開している。

企業再生ファンド

投資家から集めた資金を用い、出資や経営者派遣を通じて経営不振に陥った企業を積極的に支援する投資ファンド。再建後に株式売却などを行うことで収益を投資家に還元する。

企業再生ファンドが登場したのは、1990年代の終わり頃である。外資系、国内大手証券会社系、国内独立系ファンドが続々と活動を開始した。他方、政府も政府系ファンドとして産業再生機構、企業再生支援機構、地域経済活性化支援機構を相次いで設立した。

投資対象は経営不振の企業であるが、「本業の収益力が高い」「優れた技術やノウハウを持っている」ことが前提となる。設立したての企業に投資するベンチャーキャピタルや、ある程度軌道に乗り出した企業に投資するバイアウトファンドとは区別される。

事業再生では過剰債務の減免、資金調達方法の見直し、不採算事業の売却、営業手法の改善など様々な方法で対象企業を利益の出る状態にする。株式を買い占めて経営陣に株主還元を迫るアクティビストファンドとは違い、自らも投資先の役職員と共に長期的な企業価値の向上を目指す。対象企業の再生後は、上場による株式売出し、他社への株式売却、他の投資ファンドへの売却、MBOなどで投資資金を回収、投資家に利益を還元する。

2020年度以降は本業の収益力はあってもコロナ禍の影響で業績が悪化した中小企業向けのファンド設立が目立つ。大分県や中小企業基盤整備機構は2021年4月、中小企業の事業再生を支援する官民ファンド「おおいたスクラムファンド」を設立した。コロナ禍のような事態では企業再生ファンドが果たす役割は大きい。

129

ABL（動産・債権担保融資）

「Asset Based Lending」の略。借り手の事業活動そのものに着目し、企業が事業上保有している機械・設備、売掛債権、在庫など様々な資産を担保とする融資手法。

ABLとは、売掛債権、在庫など、現金へ転換される可能性のある資産（事業収益資産）を担保として、その一定割合まで融資する手法である。これにより、不動産、個人保証などに依存しない新規の融資枠が設定される。

担保となる在庫は、主に家畜、海産物などの農産品、太陽光発電による売掛債権などが多いとされている。ABLの残高は、公表されている直近の資料（「企業の多様な資金調達手法に関する実態調査」帝国データバンク2019年2月）で約2兆5,000億円程度と言われている。

動産、担保融資の仕組み図

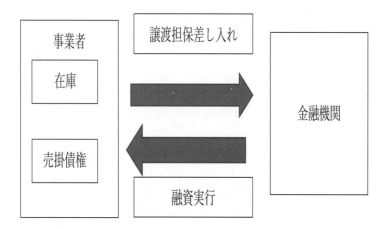

iDeCo(個人型確定拠出年金)

掛け金と運用成果の合計で年金額が決まる確定拠出年金のうち、個人が掛け金を拠出するもの。手厚い税制優遇を受けながら老後資産を作れることがiDeCoの最大の魅力である。

確定拠出年金（DC）は、掛け金と運用成果の合計（積立金）の額に応じて年金額が決まる私的年金制度。

各加入者があらかじめ用意された選択肢の中から運用方法を選択し組み合わせて、積立金の資金配分を決定する。

勤務先が制度を準備し掛け金を拠出する企業型DCと、国（国民年金基金連合会）が準備した制度に個人で加入し、自己負担で掛け金を拠出する個人型DCがある。このうち個人型DCの愛称が"iDeCo（イデコ）"である。2021年8月時点のiDeCo加入者数は214万人。

iDeCo加入可能年齢は20〜59歳（2022年5月以降、会社員・公務員、国民年金任意加入者は20〜64歳に延長）。掛け金は全額非課税（全額所得控除）

で、積立金を受け取るまでの間に発生する運用収益も非課税。こうした手厚い税制優遇を受けながら、老後資産を作れることが、iDeCoの大きな魅力である。

ただし拠出できる掛け金には、企業年金が無い企業の従業員がiDeCoに加入した場合は年額27万6,000円まで、自営業者らが加入した場合には、国民年金基金の掛け金との合計で年額81万6,000円までなどの限度額がある。

積立金の受け取りは60〜70歳（2022年4月以降は60〜75歳）の間に開始でき、一括または年金形態での受け取り方法を決定できる。

2022年10月に、企業型DC加入者のiDeCo加入要件が緩和される。

IFA（独立系金融アドバイザー）

特定の金融機関に属さず、主に個人向けに投資等の助言を行う。1990年頃から米英で広がり、日本でも過去10年で徐々に浸透、2021年6月時点で、約5,000人が活動しているとされる。

業務・商品・サービス

Independent Financial Advisorの略で、財務局を通じて内閣総理大臣の登録を行っている事業者か、または証券外務員資格を持つその社員が行う。登録には、証券会社との業務委託契約が前提となる。2010年頃から徐々に拡大し、近年、伸びが加速、2021年6月時点では前年比17％増の4,700人超が登録している（日本証券業協会「金融商品仲介業者の登録外務員数」資料）。

従来のFA（ファイナンシャルアドバイザー）とは異なり、顧客に対し、一般的な金融情報を与えるだけでなく、個別ファンドや債券などの金融商品についての説明、提案、売買仲介等を行うことができる。

IFAの発祥は英国とされる。1990年代の英国では、投資アドバイスを行うには、保険会社などの金融機関に属するか、監督官庁に自ら登録する必要があった。この後者がIFAである。特定の金融機関の利益を代弁しないため、顧客に公平なアドバイスを与えられるものとして導入された。課題は収益構造で、IFAは規模が小さい場合が多く、かつ日本では金融商品の利回りが低いことから、投資アドバイスの手数料だけで事業を成り立たせるのは容易ではない。また、経営は独立しているが、証券会社と業務委託契約があることから、完全に投資家側に立った助言を担保することが重要。個人の金融リテラシー向上の足取りが遅い日本では、投資家の側に立った投資アドバイスは極めて重要である。

ITコンサルティング

ITコンサルティングとは、情報技術を用いた企業の課題解決を指す。デジタル化が急速に進展する中、コンサルティングのサービスの中でも需要が高まっている領域である。

「ITコンサルティング」というサービスには様々な定義が存在するが、広義には「情報技術を軸として企業の課題解決を図ること」を指す。同じITコンサルティングを標榜する企業でもサービスの提供範囲は異なり、その領域は企業の経営戦略としてのIT戦略策定から、戦略に基づく企画立案、ITシステム構築や導入支援まで多岐にわたる。

企業のIT領域に対してサービスを提供する形態として、他にシステムインテグレーター(SIer)が挙げられるが、一般にコンサルティングが企業の課題解決に主眼をおくのに対し、SIerはITシステムの導入や開発を専門とする傾向にある。ただし、昨今のDX(デジタルトランスフォーメーシ

ョン)の進展に伴い、デジタル化に関する企業の課題は領域横断的になっている。ゆえに拡大・多様化する企業のIT支援ニーズに対応するためにサービスラインを拡充する企業も多く、両者の境界はあいまいになりつつある。

金融機関における例として、みずほフィナンシャルグループのみずほ情報総研とみずほ総合研究所が合併し、みずほリサーチ＆テクノロジーズが誕生したことが挙げられる。この合併の背景には、デジタル化の進展によって複雑化した企業の課題にアプローチするために、コンサルティングやIT構築といった両社の専門性を融合させ、サービスを高度化するというグループとしての志向が見て取れる。

NISA(少額投資非課税制度)

2014年1月に運用益が非課税となるNISAが創設された。その後、ジュニアNISAとつみたてNISAが導入された。2024年には、新NISAが開始される。

業務・商品・サービス

2014年1月に一定の条件の下で運用益が非課税とされるNISA(一般NISA)が創設され、2016年4月には未成年を対象としたジュニアNISAが導入された。2018年1月には、長期投資に適したつみたてNISAが創設された。つみたてNISAの投資対象に関しては、運用コストや投資収益の分配頻度等を基準とした制約がある。

現行の一般NISAは2023年を期限としている。その後は、一般NISAを引き継ぐ新NISAが5年間の措置として創設される。これと同時に、つみたてNISAに関しては2042年まで5年延長される。ジュニアNISAは予定通り2023年末で終了する。

新NISAは「2階建て」であり、1階部分がつみたてNISA、2階部分が一般NISAに類似した仕組みとなる。新制度はやや複雑であり、金融機関は利用者に対して適切な情報提供をする必要があろう。

NISA 3制度の概要

	一般NISA	ジュニアNISA	つみたてNISA
非課税期間	5年間	5年間	20年間
年間の投資上限額	120万円	80万円	40万円
投資対象商品	株式、株式投信、ETF、REIT		条件を満たした投資信託
投資方法	制限なし		定期かつ継続的な買付
引き出し制限	なし	あり	なし
金融機関の変更	可	不可	可
口座数(2021年3月末)	1,224万口座	50万口座	361万口座
買付額(2021年3月末)	22兆775億円	2,955億円	9,012億円
制度開始	2014年1月1日	2016年4月1日	2018年1月1日

PMI

M&A成立後に行うべき統合プロセスのこと。事務手続きの共通化、評価制度の見直し、情報システムの刷新はもちろん、企業文化のすり合わせや従業員のモチベートなども含まれる。

PMIとはPost Merger Integrationの略で、M&A後の経営統合プロセスを意味する。「ポストM&A」と言い換えられることもある。

M&Aが期待した効果を発揮するためには、M&A取引の検討から契約まではもちろんだが、その後のPMIで成否がわかれる。PMIで行うべき領域は多岐にわたる。ビジョン・ミッションなどのコーポレートアイデンティティの再定義に始まり、経営計画の見直し、決算・会計システムの統合、稟議等のワークフローの再構築、事業用ITシステムの統合、人事評価制度の刷新が代表的なものだ。単に事務的、機械的に統合を進めれば良い訳ではなく、2社の経営陣・従業員の価値観を理解

しながら、対話を繰り返し、不安を払しょくしながら進めなければいけないのがPMIの難しさだと言われる。

PMIの範囲は明確に定義されているものではないが、一般的に統合後の最初の100日が最も重要と言われており、M&Aアドバイザリー・仲介会社各社は「100日プラン」等と称してPMIを支援するサービスも提供している。これらの支援機関と売り手企業、買い手企業の経営陣やキーマンでプロジェクトチームを結成して取り組まれることが増えている。

PMIは今後5年、10年と企業が存続していくための土台になるものであり、M&A成立件数の増加に伴い、その重要性が再認識されている。

業務、商品・サービス

Ⅲ 経営、市場

経営の自由度を高めるために、単独型持ち株会社に移行する地域銀行が増加した。2022年もさらに増える見通し（写真は2021年10月の十六フィナンシャルグループの発足セレモニー）

営業時間の弾力化

銀行法令の改正により、当座預金業務を営む店舗でも、平日休業や、営業時間の変更が行えるようになり、地域金融機関で店舗の営業時間を弾力化する動きが出てきている。

金融機関の休日については、銀行法施行規則により、土・日・祝、12月31日から1月3日までとされており、当座預金業務を営む店舗については、平日は毎日店舗を開くことが義務付けられ、休日営業は各金融機関の判断で行うことになっている。

しかし、年々金融機関の来店客が減少し、人件費負担が大きいことなどから、2018年8月の銀行法施行令改正で、当座預金業務を営む店舗でも、顧客利便性を著しく損なわないことを条件に、平日休業が認められた。これにより、例えば隣接する2つの店舗で片方を月・水・金曜日に、もう片方を火・木曜日に開くといった運営が可能になった。

営業時間については、銀行法第16条第1項により、午前9時から午後3時までとされており、同条第3項によって、当座預金業務を営まない店舗に限り、営業の都合で営業時間を延長できる。また、営業所の所在地の特殊事情等で当該営業所の顧客の利便を著しく損なわない場合には、営業時間短縮もできる。2016年9月の**銀行法施行規則改正**により、当座預金業務ができる店舗でも、顧客の利便を著しく損なわないことを条件に営業時間の変更を行えることになった。

これを受けて、全国の地域金融機関で店舗の営業時間を弾力化し、昼間に1時間窓口を休業したり、休日に営業する代わりに平日休業とするなど、店舗の効率化を目指す動きが出てきている。

経営、市場

オプトアウトと情報共有

2020年の個人情報保護法改正内容の1つ。個人情報の権利保護のため、不正取得された個人情報などは、オプトアウト規定により第三者に提供できる個人情報の対象外とされた。

「オプト(opt)」は「選択する」、「オプトアウト(opt out)」は「手を引く」の意味で、個人情報保護法でのオプトアウト手続きとは、第三者に提供される個人データについて、本人の求めがあれば提供を停止する前提とし、提供する個人データの項目などを公表した上で、本人の同意を得ることなく第三者に提供することをいう。

個人情報に対する意識の高まり、技術革新を踏まえた保護と利活用のバランス、越境データの流通増大に伴う新たなリスクへの対応の観点から2020年6月、個人の権利のあり方、事業者の守るべき責務のあり方について個人情報保護法が改正、公布された。2022年4月に全面施行される予定。

改正内容の1つに、オプトア

ウトの仕組みによる第三者への個人情報提供の制限がある。第三者に提供できる個人データの範囲から、①不正取得された個人データ ②オプトアウト手続きで取得した個人データが対象外となった。

法改正により、個人情報を含む名簿の売買に関する規制が厳しくなる。これまでは名簿屋に自分の情報を問い合わせるのは難しかったため、本人が削除などを求めてこなければ同意しているとみなすオプトアウトの仕組みで名簿が売買されてきた。法改正後は、名簿屋が同業者から入手した個人情報は、本人の同意無く第三者に転売することが禁止される。本人が知らないところで名簿の転売が繰り返されないようにする狙いがある。

監査等委員会設置会社

2015年施行の改正会社法で新たに認められた株式会社組織形態。取締役3人以上（過半数は社外取締役）で構成する監査等委員会が、取締役の業務執行の監査などを行う。

経営、市場

監査等委員会設置会社は、取締役会のために監査を行う枠組みであり、その監査委員会は内部統制システムを活用するという点で「指名委員会等設置会社」の監査委員会に近い。ただ、後継者指名や役員報酬を社外取締役のいる委員会に委ねる必要が無い一方で、監査等委員となる取締役は、その解任には株主総会の特別決議が必要になるなど、任期こそ短い（2年、監査役は4年）ものの、監査役に近い身分保障がある。

また、この形態は、**コーポレートガバナンス・コード**上、監査役設置会社、指名委員会等設置会社と同等と認められることから、これに移行する上場企業は年々増加している。2020年10月26日現在、市場第一部企業で760社、全上場企業で1,255社がこの形態をとっている。

監査等委員会設置会社の社外役員の最低人数は3人と、監査役設置会社で2人の社外取締役を置く場合（社外役員4人）より少なくて済むため、地元のほとんどの企業と取引を有する地域銀行では、独立性の観点から適切な社外取締役候補を見出すのが難しいため、この制度を活用する先がおよそ3分の1に及んでいる。

この間、社外取締役については、2010年に東京証券取引所が「独立役員」の要件を定めた。市場第一部では2021年8月末現在、独立社外取締役2人以上の企業が97％、3分の1以上の企業が73％に達している（各々前年95％、59％）。

企業版ふるさと納税

正式名称を「地方創生応援税制」といい、国が認定した地方公共団体の地方創生プロジェクトに対して企業が寄付を行った場合に、法人関係税が最大約9割軽減される制度を指す。

企業版ふるさと納税は2016年度に創設され、当初は従前の損金算入による約3割の軽減効果に、新たに3割分が上乗せされ、合わせて寄付額の約6割が税控除される仕組みであった。その後、2020年度の改正により、最大で寄付額の約9割が税控除され、企業の実質的負担が約1割にまで圧縮されることとなった。さらに「企業版ふるさと納税（人材派遣型）」も創設され、企業は人件費を含む寄付とともに人材を派遣することで、税控除を受けてノウハウ等を提供することも可能となった。

本制度には民間資金を活用して地方創生への取り組みを活性化する狙いがあるが、企業としては社会貢献やSDGs推進によるイメージアップが期待できる。また、地方公共団体との関係性を深められるとともに、地域資源などを生かした新事業に挑戦できるメリットがある。

地域経済の発展は地域金融機関の成長や持続性に密接に関わっている。地域金融機関の中には、地方公共団体に対して計画策定・実行のコンサルティングを行う一方で、企業に対しては本制度の魅力や具体的な活用事例を紹介するなどして、本制度の活用を後押ししている例も見られる。また、顧客層の幅広さを生かして企業と地方公共団体とのマッチングを手がけている例もある。地域に根差す金融機関として、今後も地方創生への積極的な関与・支援が期待されている。

銀行法改正・業務範囲規制緩和

銀行本体や子会社でITシステム販売を可能にする等、銀行等の業務を持続可能な社会の構築に資することができるよう、銀行法を改正し、業務範囲規制を緩和すること。

国内の人口減少や少子高齢化、地方の生産年齢人口減少といった社会経済の構造的な課題、新型コロナウイルス感染症等による影響もあり、銀行法等の改正により銀行本体及び子会社・兄弟会社の業務範囲規制の見直しが進んでいる。資金需要の継続的な減少や低金利環境等により経営環境が厳しさを増す中、社会経済において期待される銀行の取り組みを後押しすることが目的である。

2021年5月の銀行法改正により、銀行本体の付随業務が拡充されている。従来の業務範囲は、預金を直接受け入れること等から、子会社・兄弟会社と比較すると制限されてきたが、改正後は「銀行業の経営資源を活用して営むデジタル化や地方創生など持続可能な社会の構築に資する業務」として、自行アプリやITシステムの販売、データ分析・マーケティング・広告、登録型人材派遣、幅広いコンサルティングサービス・マッチング等が可能となっている。

子会社・兄弟会社の業務範囲も拡充されており、2016年の銀行法改正によって「**銀行業高度化等会社**」制度が導入され、情報通信技術等を活用した銀行業の高度化や利用者利便の向上に資する業務（フィンテックや**地域商社**）を営むことが認められた。その結果、高度化等会社を保有しようとする場合の認可（他業認可）を条件に、全ての従属業務を収入依存度規制なしに営むことが可能となった。

また、子会社・兄弟会社が高度化等業務を営む場合、通常の子会社・兄弟会社認可に加えて他業認可が必要であるが、銀行・銀行グループが営むことへの期待が高く、社会的にも合理的であると認められ、他業リスクや優越的地位の濫用、利益相反取引の著しいおそれがあると認められない業務(以下「一定の高度化等業務」)については、他業認可が不要となった。「一定の高度化等業務」とは、フィンテック、地域商社、自行アプリやITシステムの販売、データ分析・マーケティング・広告、登録型人材派遣、ATM保守点検等、内閣府令に個別列挙された業務が対象となっている。

さらに、兄弟会社は子会社と比較してリスク遮断の面で優れているという観点から財務健全性・ガバナンスが一定以上であると認定を受けた銀行グループが、銀行の兄弟会社において「一定の高度化等業務」を営む場合は個別認可が不要(届出制)となっている。

従属業務の範囲や規制についても、グループ外への提供により提供先企業の生産性向上等を通じ、地域の活性化に資することを目的とした登録型人材派遣等は、「一定の高度化等業務」や銀行本体の付随業務として規定し、収入依存度規制の制約なく営むことが可能となった。加えて、バックオフィス業務の共同化による経営余力捻出を目的に、従属業務における収入依存度規制に係る法令上の数値基準も撤廃されている。

業務範囲規制緩和により、厳しい経営環境に置かれる銀行は新たな収益源を獲得する可能性がある一方、利益相反や優越的地位の濫用等の観点から当該業務が顧客本位であるか、また、メガバンク等と比較して経営資源が限られる地域金融機関においては、当該規制緩和を有効に活用することができるかという点に今後注視していく必要がある。

銀行業高度化等会社

銀行業高度化等会社とは、情報通信技術その他の技術を活用した銀行業の高度化もしくは当該銀行の利用者の利便の向上に資する業務又は資すると見込まれる業務を営む会社のこと。

従来から、銀行業においては、銀行の健全性維持のために、他業態のリスクが経営に及ばないよう、出資割合に対して上限5％の規制がかかっていた。

しかし、近年のフィンテック企業の台頭により、銀行がこれらの企業と提携し、利用者に対してITを活用した高度な金融サービスの提供を可能にすることを目的に、2016年の**銀行法改正**により、出資規制が緩和された。

出資規制緩和の結果、認可を条件として、銀行業の高度化、利用者の利便性向上に資することが見込まれる会社に対しては、従来の出資割合の上限を超えて出資することが可能となった。

また、IT分野の企業だけではなく、「地方創生や地域経済の活性化等のため、地域の優れた産品・サービスの販路を新たに開拓することで、従来以上の収益を引き出し、そこで得られた知見や収益を生産者に還元していく事業を営む会社」（**地域商社**）も銀行業高度化等会社として、認可を条件に出資規制が緩和されることとなった。

直近では、2021年7月に紀陽銀行が子会社である情報システム会社について銀行業高度化等会社の認可を得ている。これにより、取引先に従来提供できなかった基幹系システム開発受託やIT人材の供給などの業務が提供でき、地域社会の**DX（デジタルトランスフォーメーション）**化に向けた活動に寄与するとしている。

休眠預金

長期間にわたって預け入れや引き出し等の取引のない預金。2016年に休眠預金法案が成立し、2019年より休眠預金をNPO等の団体に助成する事業が開始された。

長期間、取引の無い預金口座は休眠預金として取り扱われる。従来、大半の金融機関は最終取引日から10年経過した時点で雑益として処理していた。民営化前の郵貯の定額貯金等に関しては、満期から20年2カ月後に権利が消滅する取り扱いとなっている。

2011年の国会質疑で、当時の菅直人首相が休眠預金の活用について前向きな答弁を行ったことを契機に、休眠預金の活用の検討が開始された。その後、紆余曲折を経て2016年12月に「休眠預金法案」が成立、2018年1月に施行された。

2019年以降、最終取引から10年を経過した休眠預金は預金保険機構に移管されている。将来の払い戻しに備える分を除いた資金は預金保険機構から指定活用団体を経由して資金分配団体に配分され、地域の草の根活動や災害支援、ソーシャルビジネスへの助成金等として活用されている。

近年、2年以上未利用の預金口座に対し、未利用預金口座手数料を新設する銀行が増えている。未利用状態の預金口座に対しては手数料が課され、口座残高が手数料未満の場合は解約処理がなされる。手数料導入の背景としては、①預金業務の採算悪化 ②未利用口座の**マネロンリスク**の高さ ③休眠預金法施行後の休眠預金関連の事務負担増、などが考えられる。

未利用**預金口座手数料**の導入により、睡眠預金活用事業の原資は中長期的に先細りとなることが予想される。

軽量店舗

金融機関の従来型の店舗が減少し、少人数の軽量店舗が増加する動きが続いている。店舗が小型化・軽量化する中で、店舗戦略が金融機関経営の重要なカギとなっている。

マイナス金利の影響などから金融機関の収益構造が厳しくなる中、金融機関の顔と言われる銀行の店舗について、営業室（内部事務部門）の行員を多く配置する従来型の店舗が減少し、インターネットバンキングやATMを通じた取引の増加を受けた少人数の軽量店舗が増加している。

軽量店舗の定義はあいまいであるが、①建設・維持費用を抑えたローコスト店舗 ②相談業務などにサービス内容を絞った特化型店舗 ③最低限の人数で運営する少人数店舗などがあり、①コストの削減 ②経営資源の最適化 ③拠点数の維持に寄与している。

特に、メガバンクや地域銀行では、営業に要する経費が高止まりしている中で、店舗業務の削減により、運営コストを引き下げる動きが続いている。来店客自身が操作する専用端末やテレビ電話を通じた手続きが主体となり、操作などを案内する担当者を配置するものの、店舗に必要な行員数は減少している。対面では現金を扱わず、業務の多くをITで効率化し、個人の資産運用相談など相談業務に重点を置く軽量店舗に転換し、従来型の店舗を大幅に縮小する動きが、新型コロナ対応もあって、さらに加速している。

バックオフィスの事務を効率化するほか、小規模スペースを生かし、顧客がアクセスしやすい立地へと出店を進めるなど店舗の小型・軽量化は、今後の店舗戦略を占う重要なキーワードとなる。

経営、市場

コンダクトリスク

コンダクトリスクとは、オペレーショナルリスクの中で、特に「顧客保護」「市場の健全性」「有効な競争」へ悪影響を及ぼす行為が行われるリスク（英国：金融行為監督機構）。

コンダクトリスクは、金融機関に期待される行為（コンダクト）として、「顧客の正当かつ合理的な期待に応えることを、まず第一に自らの責務として捉え、顧客への対応や金融機関同士の行動や市場での活動で示すこと」を定義し、それを受けて、「顧客保護」「市場の健全性」「有効な競争」に対して悪影響を及ぼす行為が行われるリスクをコンダクトリスクとして定義したものである。

コンダクトリスクの位置付けは以下のように図示される。コンダクトリスクが生じる場合を類型化すると、①金融機関の役職員の行動等により、利用者保護に悪影響が生じる場合 ②市場の公正、透明に悪影響を与える場合 ③客観的に外部への悪影響が生じなくとも自身の風評に悪影響が生じ、リスクが生じる場合があるとされている（金融庁：コンプライアンス・リスク管理基本方針（案）2018年7月）。

過去に一部金融機関で問題になった書類偽造による不適切な融資などは書類偽造という犯罪行為と、返済能力の無い顧客に対する貸し出しという利用者保護に悪影響を与えるコンダクトリスクが複合したオペレーショナルリスクが顕在したものであると言える。

出所：日本銀行金融機構局金融高度化センター資料より一部加筆

147

コーポレートガバナンス・コード

コーポレートガバナンスの強化に向け企業が尊重すべき諸原則を定めた規範。日本では成長戦略の一環で2015年6月から適用が始まり、2018年6月と2021年6月に改訂された。

経営、市場

1. CGコードの世界的潮流

コーポレートガバナンス（CG）とは、企業による不正行為の防止と競争力・収益力の向上を総合的に捉えて長期的な企業価値の増大を図る企業経営の仕組みを指す。

CGコードはまず英国で、企業経営者の絡む不祥事件発生の未然防止の見地から、1998年に統合規範として策定されることになった。

これを受け、経済協力開発機構（OECD）でも1999年5月にCG原則が承認された。2008年のリーマン・ショック後、短期指向是正の観点で進められ、英国では2010年にCGコードに改訂された。OECD原則も2015年9月に**G20（主要20カ国・地域）**首脳会議で改訂版が承認されている。

2. 国内のCGコード策定

日本では、かねて上場企業の企業統治の脆弱さが長期的な株価低迷の大きな理由の1つとされてきた（例えば、**金融審議会**金融分科会報告2009年6月）。このため政府は、2014年6月「日本再興戦略」で、上場企業に内部留保を投資に回す等により「稼ぐ力」を高めることを主目的とし、国際水準の自己資本利益率達成や国際競争に勝てる攻めの経営判断を後押しするCGコード策定方針を掲げ、**金融庁**と東京証券取引所などの有識者会合の検討を経て、東証が2015年6月から「Comply or Explain」（順守するか、もしくは理由を説明する）の形で策定した。

このように日本のCGコードは健全な企業家精神の発揮を

促す「攻めのガバナンス」を提唱し、短期指向是正を目的とする海外のCGコードと対照的だが、双方とも「持続的な企業価値向上」を目指す点では同じ方向性を有する。

3. CGコード改訂等の流れ

スチュワードシップ・コードとCGコードのフォローアップ会合を経て、2018年6月には、CGの形式から実質への流れを促すため、①経営環境変化に迅速対応した事業ポートフォリオの入れ替えを行う経営者による果断な経営判断 ②資本コストを意識した投資戦略・財務管理の方針策定 ③客観性・適時性・透明性あるCEOの選解任 ④取締役会の多様性確保 ⑤政策保有株式の保有適否の具体的検証とその開示 ⑥企業年金のアセットオーナーとしての専門性向上等のCGコードの改訂が行われた。

2021年6月には、翌年4月の東証市場区分見直しを控え、①プライム市場上場企業は独立社外取締役を1/3以上（指名・報酬委員会では過半数）選任する等の取締役会機能強化 ②サステナビリティに関する基本的な方針の策定・開示（特にプライム市場上場企業はTCFDないし同等の開示）③企業の中核人材の多様性に関する考え方等の開示 ④プライム市場上場子会社における独立社外取締役を過半数選任又は利益相反管理のための委員会設置 ⑤プライム市場上場企業における議決権電子行使プラットフォーム利用と英文開示の促進等の再改訂が行われた。

金融機関は上場だけでなく、金融仲介機能の発揮や金融システム安定確保の観点も重要である。特に地域金融機関は、当局との深度ある対話や内部での活発な議論を促すため、2020年3月に金融庁より「地域金融機関の経営とガバナンスの向上に資する主要論点（コア・イッシュー）」が公表されている点にも留意を要する。

次世代型店舗

生産性向上と顧客利便性を両立するデジタル化した次世代型店舗が増えている。ペーパーレス化、印鑑レス化、タブレットでの金融商品契約、テレビ電話などが導入されている。

メガバンクや地域銀行などが、店舗機能の見直しや店舗削減を進めている。従来型のフルバンキング店舗を基本としながら、**軽量店舗**や資産運用に特化した店舗、共同店舗を含め、デジタル化した次世代店舗の導入を進めている。人口減少やスマートフォンの普及、ライフスタイルの変化などで都市部の有人店舗でも来店客が急速に減っていることが背景にある。

みずほフィナンシャルグループでは、有人店舗に依存したネットワークの再構築を進めており、2024年度までに国内約500拠点のうち、130拠点を削減。ネット・スマホの利便性向上を図り全拠点の次世代店舗化を掲げている。全拠点を事務からコンサルティングの場にするため、店頭事務のオペレーションレス・ペーパーレス、後方事務のビジネスオフィス集約、銀信証ワンストップ化を進めている。

三菱UFJフィナンシャル・グループでは、次世代型店舗として、MUFG NEXT、相談型店舗としてMUFG NEXT（コンサルティング・オフィス）を展開している。店舗数は、フルバンキングタイプの店舗を中心に、2017年度比、約500店舗のうち、2023年度までに35％削減する計画だ。

三井住友フィナンシャルグループでは、リテール店舗改革を実施。三井住友銀行は国内438店舗を展開、うち軽量店舗は21店舗、フルサービス店舗は417店舗である。2022年度までにフルサービス店を大幅

に減らし、軽量店を300に増やす。軽量店では、振り込み業務などをネット誘導し、個人向けコンサルを強化する。改革で2,600人分の業務量と250億円のコスト削減を目指す。

りそなグループの次世代型の軽量店舗である年中無休の相談特化型店舗セブンデイズプラザは、主要ターミナル駅などに24拠点展開。さらに増やしていく計画だ。

京葉銀行では、①認証ボックスでは、指静脈認証ICキャッシュカードで本人の意思確認を実施するため、伝票等への印鑑の押印が不要 ②タブレットによる保険・投資信託手続きでは、申し込みから契約までを画面上での確認と電子サインで手続き完了 ③全自動貸金庫では、指静脈認証ICキャッシュカードで入室が可能 ④リモートテラーシステムでは、モニターを通して相談員と直接面談し、相続相談などのコンサルティング業務を実施している。

これら次世代型店舗では、ITの活用により業務の効率化を図り、手続きにかかる時間や負担を軽減することで、顧客に対してより質の高い相談・コンサルティングを提供することが可能とされる。もっとも、「できれば行きたくない場所」という多くの顧客の本音や「欲しい商品やサービスが無い」という根本的な問題に向き合わなければ、あらゆる店舗政策は中途半端となり、顧客の離反から、来店客の減少が続く懸念がある。

銀行が、店舗ネットワークの維持に固執することで、営業時間の短縮→店舗機能の縮小→店舗の魅力低下→店舗の収益力低下→さらなる来店客の減少、という悪循環に陥るとともに、店舗の減損処理の発生で店舗の統廃合の前倒しや銀行自体の再編が進む可能性もある。いかに顧客にとって魅力ある次世代型店舗を構築していくか、銀行は正念場を迎えていると言える。

151

自然災害債務整理ガイドライン・コロナ特則

新型コロナウイルス感染症の影響による失業や収入等の減少で、住宅ローンや事業性ローン等の返済が困難になった個人債務者が、法的倒産手続きによらず、債務免除を行う特則。

経営・市場

新型コロナウイルス感染症の影響で失業や収入・売上が大きく減少する等によって、住宅ローンや事業性ローン等の債務返済が困難となるなど、法的整理の要件に該当する個人債務者（個人事業主を含む）に対する新たな債務整理の枠組みが必要となった。このため、2010年10月に、災害救助法が適用される自然災害被災者のための被災ローン減免制度である「自然災害による被災者の債務整理に関するガイドライン」を新型コロナウイルス感染症に適用する場合の特則が制定された。

これにより、金融機関等が個人債務者に対して、法的倒産手続きによらず、特定調停手続きを活用した債務整理を円滑に進め、債務者の自助努力による生活や事業の再建を支援できるようになった。

減額や免除の対象になる債務は、2020年2月1日以前に負担していた債務に加え、同年10月30日までに新型コロナウイルス感染症のために負担した債務である。一定の財産を残しつつ、ローンの減額や免除を受けることができ、信用情報登録機関に登録されないので、その後の借入の可能性を残せ、弁護士・不動産鑑定士など専門家の支援を無償で受けられるなどのメリットがある。

また、住宅を手放さずに住宅ローン以外の債務だけを減免する方法もある。金融当局は、本特則の周知・広報に努め、金融機関に対して積極的な活用を促している。

女性の登用・活躍推進

女性が自らの希望を実現して働くことで、その力が十分に発揮され、社会や企業の活性化につなげること。企業では女性従業員数や管理職割合の増加を第一歩とすることが多い。

女性の登用・活躍推進は、戦後より様々に取り組まれている。

特に1986年施行の男女雇用機会均等法で、募集・採用、配置・昇進についての均等な取り扱いが求められたほか、労働者が女性であることを理由とした差別的な取り扱いが禁止された。

さらに、男女が互いに人権を尊重しつつ能力を十分に発揮できる男女共同参画社会の実現を促進するべく1999年に男女共同参画社会基本法が施行、以後定期的に計画が見直されている。

2020年には第5次男女共同参画基本計画が作成され、指導的地位に占める女性比率を2020年代の可能な限り早期に30％程度にするなどの目標に修正された。

企業の女性登用の状況をみると、役職者に占める女性の割合は近年上昇傾向にあるものの、上位の役職ほど女性の割合が低く、2020年は、係長級21.3％、課長級11.5％、部長級8.5％となっている（内閣府「男女共同参画白書令和3年版」）。労働者全体の約45％は女性が占めることに鑑みると、さらなる増加が必要で、取り組みの拡大が期待できるテーマといえる。

また、最近では女性登用が多様な人材の活躍、すなわちダイバーシティ実現の第一歩として取り組む企業が増加している。女性役員が複数名いる企業ほど利益率が高い傾向も出始めており、経営への効果も期待されている。

所有者不明土地問題

「所有者台帳（不動産登記簿等）により、所有者が直ちに判明しない、又は判明しても所有者に連絡がつかない土地」とされる所有者不明土地にまつわる問題。

所有者不明の土地が増えている。所有者不明土地問題研究会の推計では、2016年時点の所有者不明の土地面積は約410万ヘクタールで、九州本島の土地面積を上回るとされる。

土地相続時の相続登記の法的義務が無かったのが、所有者不明土地発生の原因である。登記費用や固定資産税がかかるため相続登記されずに死亡した元所有者の名前が登記簿に残り、何世代も登記が変更されずに所有者の特定が困難になるのが所有者不明土地発生の典型的な例である。国土荒廃、課税漏れ、獣害、治安悪化、廃墟、土地利用・取引の停滞など、土地所有者不明の弊害は大きい。土地が利用できないことによる機会損失、所有者探索費用、税の滞納などによ

る経済的損失は、2017年から2040年までの累計で、少なくとも約6兆円と推計されている。

政府は所有者不明土地の「発生の予防」と「利用の円滑化」に向けた法整備を進めている。2018年の所有者不明土地の利用を円滑にする特別措置法成立に次いで、2021年4月には民法・不動産登記法等一部改正法と相続土地国庫帰属法が成立した。「発生の予防」の観点から、不動産登記制度が見直され、相続した土地を手放して国庫に納付する制度が創設された。相続登記は相続を知ってから3年以内の登記が義務化される（2024年施行予定）。一方、「利用の円滑化」の観点から、所有者不明土地の管理に特化した所有者不明土地管理制度の創設などが講じられた。

スチュワードシップ・コード

機関投資家が顧客から委ねられた運用責任（スチュワードシップ責任）を適切に果たすのに有用として、金融庁の有識者会合が2014年2月に公表した「責任ある機関投資家」の諸原則。

スチュワードシップ・コードは、機関投資家に資産運用委託者の利益実現義務に加え、リーマン・ショック再来防止のため投資先企業が短期ではなく持続的な利益追求を行うよう監視する役割を求めて、2010年7月に英財務報告評議会が初めて作成・公表した。

日本では、上場企業のコーポレートガバナンスを強化し、持続的な企業価値向上に機関投資家が積極的に貢献するとの観点から、日本再興戦略にその策定が盛り込まれ、2014年2月に日本版スチュワードシップ・コードが完成。具体的には、機関投資家は投資先企業との間で建設的な目的を持った対話（エンゲージメント）を行うほか、利益相反管理に関する明確な方針の策定・公表、投資先企業のモニタリング、議決権行使の方針の設定と結果の開示、ガイドラインの順守状況の運用委託者への定期的な報告——など7つの原則を定めた。

2017年にアセットオーナーが運用機関に求める事項・原則を明示する等の改訂が行われた後、2020年3月の再改訂では、①サステナビリティ（ESG要素を含む中長期的な持続可能性）の考慮 ②適用対象の拡大 ③運用機関による開示・説明の拡充 ④企業年金等によるスチュワードシップ活動の明確化 ⑤議決権行使助言会社、運用コンサルタント等に対する規律が整備された。2021年9月末現在で316の機関投資家がこのコードを順守する旨、宣言している。

成年年齢引き下げ

2022年4月からの成年年齢の引き下げにより、18〜19歳の借り入れを伴う消費者被害の増加が懸念される中、貸金業では若年層顧客に対する慎重な貸付方針等が示されている。

1. 未成年者取消権の保護から外れる18〜19歳

民法では、未成年者が法定代理人の同意を得ずに行った法律行為は、未成年者取消権（民法第5条第2項）により取り消すことができる（なお、未成年者との契約にあたり親権者の同意を取得しないことは違法ではない）。成年年齢を現在の20歳から18歳に引き下げる民法改正が、2022年4月から施行されることで、18〜19歳は未成年者取消権による保護が受けられなくなる。

成年年齢の引き下げにより、18〜19歳で親の同意なしでの金融取引が容易になるのは、どのような金融取引にも共通する。社会経験が乏しい層への取引が広がることに伴い、商品説明等に注意を要するのは、預金取引、運用商品販売、融資等でも同様である。

2. 若年層の借り入れの問題

特に注意を有するのは、与信取引である。これまでの若年者の消費者被害状況をみると、18〜19歳と比べて、20歳以降では被害額が一段増えることが認識されている。これは、成年となり、親権者の同意がなくともクレジットやローン契約をしやすくなることが、被害を拡大させる一因となっているからである。

マルチ取引（商品・サービスを契約して、次は自分が買い手を探し、買い手が増えるごとにマージンが入る取引形態）の被害も、成年となった直後に急激に増える傾向がある。特に、事業者が消費者に

経営、市場

対し、貸金業者から借り入れをした上で代金を支払うよう指示するなど、支払能力を超える債務を負わせるケースがみられる。成年年齢が18歳に引き下げられた場合、高校3年生で成年となる者が現れることになるが、学校生活で日常的に接触する時間が多い高校生の間で被害が拡大することが懸念される。

3. 日本貸金業協会の取り組み

　日本貸金業協会では、消費者向け貸し付けを行っている協会員に対し、若年層への貸付状況や2022年4月以降の貸付方針、自主的な取り組みの実施状況についてアンケート調査を実施し公表している。

　当該調査結果では、18～19歳への貸し付けにあたって、貸金業者による効果的な取り組みとして、例えば以下のような例が掲げられている。

①親の同意を取得する

　アンケート回答先の約4割が成年年齢引き下げ後も引き続き親の同意を取得する、としている。

②利用限度額を通常よりも低く設定する

　アンケートでは、36％の先が利用限度額を通常よりも低く設定する、としている。

③資金使途の確認

　申込書への資金使途の記載欄の設定、電話等での資金使途ヒアリングを実施する。

④貸付金額が50万円以下の場合でも年収証明書を取得する

（貸金業法では、自社の貸付金額の合算額が50万円を超える場合においては源泉徴収票等の書面の提出を受ける必要がある）。

⑤名義の貸し借りやマルチ商法等に関わっていないかを確認する

⑥その他の慎重な与信審査

　申告年収対比での利用目的、申込額・返済計画などに不自然な点がある場合、申告年収が顧客の年齢等から想定される平均年収と乖離がある場合、随時顧客へ確認を行う。

単独型持ち株会社

経営統合をきっかけに、持ち株会社形態をとる地域銀行が多いが、2020年10月の広島銀行を筆頭に、経営の自由度を高めるために持ち株会社形態を選択する事例が生まれてきた。

地域銀行界では、持ち株会社は、経営統合の際に、合併銀行の相互の独自性を維持できる点から、活用されてきた。

そこに一石を投じたのが、2020年10月に、広島銀行が経営統合を前提としない、「ひろぎんホールディングス」を設立したことであった。それに続いて、2021年10月には、十六銀行、北国銀行、沖縄銀行が単独型持ち株会社方式に移行した。

こうした単独型持ち株会社が広がるのには、大きく2つの理由がある。

第1に、持ち株会社制度の使い勝手が良くなったことである。2016年の**銀行法等の改正**によって、銀行グループ内での共通・重複業務を持ち株会社や1つの子会社に集約す

ることが可能になるなどの規制改革が行われた。さらに、2021年の銀行法の改正によって、銀行グループの業務範囲が緩和されたが、銀行本体や銀行子会社に比べて、銀行の兄弟会社の方が、より自由度が高い。

第2に、従来の預金と貸し出しを中心とした業務体制では、収益力に限界があり、顧客の支援が十分にできていないという危機感が銀行の間で強まっていることである。「非銀行」分野を強化する必要があるが、銀行員や銀行子会社職員の給与体系や銀行中心主義的な意識・行動が大きな障害となりかねないのである。

持ち株会社方式をうまく活用して、地域銀行が生まれ変わることを期待したい。

経営、市場

中国、不動産バブル問題

中国の大手不動産会社 恒大集団の巨額債務問題を発端に不動産バブル問題が再燃している。背景には中国当局による不動産過熱への引き締め策がある。

中国、恒大集団の約33兆円にのぼる巨額債務問題を発端に、中国の不動産バブル問題が再燃している。背景には、中国当局による不動産過熱への引き締め策がある。

習近平政権は、格差を縮小し平等な社会を作る「共同富裕」の実現を掲げており、不動産業を含む民間企業に対する規制強化を加速している。2020年9月、不動産開発業者を対象に新たな規制「三道紅線（3本のレッドライン）」を導入。恒大集団はその全てに抵触しており、新規借り入れを封じられたことが、経営危機につながった。2021年9月、中国人民銀行は、金融政策委員会にて「不動産市場の健全な発展や、住宅消費者の合法的な権益を守る」としている。

なお、恒大集団がデフォルトに陥った場合、主要債権者である国営銀行などに損失負担させる形で、中国政府は秩序だった処理を進めるとみられている。このため、世界的な金融危機につながるリスクは低いとされる。しかし、不動産は中国のGDPの4分の1を占める主力産業であり、恒大集団以外にも、広州富力地産や融創中国など巨額債務を抱える企業があり、中国の不動産市場が打撃を受け、不動産バブルが崩壊することで、中国経済が減速する可能性も出てきている。この場合、中国当局が、経済社会への悪影響を抑える対策を取る可能性はあるものの、不動産バブル問題を巡る緊張状態は当面続くものとみられる。

店舗の外部賃貸

従前は、銀行店舗等の遊休不動産を外部に賃貸することが認められていなかったが、公共主体から要請があった場合に限り、遊休スペースを有効活用することが可能となった。

銀行の保有不動産は、駅前や繁華街等の好立地に所在し、建物も頑強で駐車場を併設していることが多いなど、立地・ハードの両面で優れた特性を有している。同地での空きスペースを外部に賃貸できれば、銀行はさらなる収益を得ることができるため、銀行店舗の空きスペースを外部に開放して有効活用し、町の賑わいや来店者の増加につなげる取り組みが地域金融機関を中心に広がっている。

銀行が保有する自社不動産の賃貸に関して、**金融庁**の監督指針に「賃貸等の規模が当該不動産を利用して行われる固有業務の規模に比して過大なものとなっていないこと」という要件があるため、従来は店舗の外部賃貸に慎重な姿勢であった。しかし、2017年9月の監督指針改正により、「公共的な役割を有していると考えられる主体からの要請」があった場合、地方創生や中心市街地活性化の観点から判断してもいいと、銀行の保有不動産の有効活用を後押しする姿勢に転換した。

これにより、地域金融機関のビル等で、遊休スペースを使って銀行店舗の一部にカフェや飲食店、保育所、ホテル等を運営する事例などが増えてきている。しかし、全国地方銀行協会などが要望している不動産仲介業務が禁止されているほか、銀行が保有不動産を賃貸する場合、監督指針の要件を満たしていることを検証できる体制を整える必要がある。

内部監査

ガバナンスの構成要素。リスクベースかつフォワードルッキングな観点から客観的・独立的な保証、アドバイス、見識を提供することにより、組織体の価値を高め保全する活動。

金融庁では、内部監査を3段階に分類。第1段階は事務不備検査。内部監査の本来の使命、役割に関して経営者、取締役会等の理解が不足すると内部監査は規定・マニュアル等の準拠性に関する事後検証にとどまる。経営者の指揮下で行う事務不備検査は、本来、3線ではなく、1・2線の内部統制プロセスの一環である。

第2段階は、リスクベース監査。経営目標の実現を保証するため、リスク評価を行い内部統制の整備・運用状況について独立的・客観的な評価を行う。本部監査やテーマ監査に重点を置き、営業店の事務不備検査を1・2線に移管する動きが広がっている。

第3段階は経営監査。金融危機後、内部監査には問題が起きる前に警鐘を鳴らす役割が求められるようになった。フォワードルッキングな視点から保証機能を発揮する。内部監査を取締役会・監査役会の指揮下に置き、高い専門性を有する監査要員を配置。取締役会等と同じ視点で経営に資する監査を行う。監査の付加価値が高まり、内部監査の組織内のステータスも向上している。

なお、海外の先進的な金融機関では、内部監査は、第4段階を迎えている。保証機能を超え独立的・客観的な立場から取締役会に対して、適時の経営診断や高度な提言を行うことによりトラスティッド・アドバイザーとしての地位を確立している。

ファミリーオフィス

資産家一族の永続的な繁栄を目指し、相続・直系といった枠を超えて、一族の資産や事業を管理・運営する会社及び組織のことで、欧米において伝統的に行われきた。

ファミリーオフィスとは、6世紀ごろ、ヨーロッパの王族の資産管理に端を発するとされる、資産家一族の資産管理会社や組織のことである。これらは、アセットマネージャーや弁護士、会計士、税理士などによる専属チームで組織され、一族の永続的な繁栄を目指し、一世代の相続対策、直系にとどまらず、ファミリーとして資産及び事業を管理・運営するほか、子どもや孫の教育、**事業承継**など、そのファミリーに寄り添った独自の取り組みを多数行っている。

また、文化事業や貧困、社会問題への寄付を通じて、一族が後世に名を残すことによって一族の連携を図ることや、家族の教育、慈善活動などもその役割に含まれる。2019年度時点のファミリーオフィスが運用する資産総額は、世界で約650兆円と言われている。

2021年3月、アルケゴス・キャピタル・マネジメントなどの一部のファミリーオフィスが、リスクの高い投資手法を採用し、株価下落を機に追加担保を求められ、保有株式を売却した。このことから関連銘柄が急落し、取引に関連した金融機関に大きな損失が発生した。この事件を契機に、米国証券取引委員会（SEC）や商品先物取引委員会（CFTC）が、ファミリーオフィスに対する監視を強化する可能性もある。

日本では認知度が低かったが、アルケゴス関連取引により国内金融機関に損失が生じたことで、**金融庁**と**日本銀行**による実態把握が行われた。

経営、市場

フォワードルッキング引当金

金融検査マニュアルが廃止されたことで、本邦金融機関においても、将来予測を踏まえて貸倒引当金を算出する「フォワードルッキング引当金」の導入が進むとみられる。

将来の経済状況の予測などを引き当てに反映する「フォワードルッキング引当金」は、IFRS（国際会計基準）では2018年から、米国会計基準では2020年から適用されている。

IFRSでは、過去の事象、現在の状況、将来の経済状況の予測について、合理的で裏付け可能な情報を反映する必要がある、としている。例えば、経済成長率、インフレ率、失業率などの将来予測をいくつかのシナリオに分けて行い、各シナリオに加重をつけた上で、デフォルト率や予想損失額に反映することになる。金融機関は、将来予測をどのように構築したのか、そのプロセスも含め、詳細な開示も求められている。

我が国では、2019年末に金融庁「金融検査マニュアル」が廃止され、金融機関は貸倒引当金について、過去の貸倒れ実績だけではなく、足元や将来の情報を引き当てに反映することが求められている。フォワードルッキング引当金はメガバンクで導入が進み、地域銀行にも広がりつつある。

金融機関は、貸倒引当金を平時から保守的に積み上げる必要がある一方、過度な積み上げは、業績や自己資本にはマイナスとなる。予期せぬ経済混乱や金融危機への備えも必要となる。健全性と収益性を両立しながら、適切な将来予測に基づいて引き当てをすることが求められる。金融機関で巧拙の差が大きくなり、業績や自己資本比率への影響度合いの差も鮮明になろう。

ポイント運用の多様化

キャッシュレス決済などで付与されたポイントに利息が付くものや株価などに連動して増減するもの、実際の投資信託などを購入できるものなど、多様な運用サービスの出現を指す。

近年キャッシュレス決済やポイントサービスが定着してきたことを背景に、各社が展開するポイント運用サービスが拡大、多様化している。

運用方法としては、①ポイントに利息が付くポイント利息 ②ポイントそのものが投資信託などに連動して増減するポイント運用 ③ポイントで実際の投資信託などを購入するポイント投資の3つに大別されるが、近年特に②と③が注目されている。

②は証券口座の開設なしに手軽に投資の疑似体験ができることから、資産運用の心理的ハードルを下げる効果が期待される。③はポイントが実質現金化される点で②とは異なり、口座開設が必要となるが、100ポイントなどの少額か

ら"買い物のおまけ"として獲得したポイントで証券投資を始められることから、長年家計の金融資産の半分以上を預貯金が占める日本において、投資未経験者や若者層を証券投資に取り込むトリガーとしての期待が高まっている。

さらに、積み立て投信をクレジットカード決済で購入することで購入額の数％がポイントとして還元されるサービスも各社で導入されつつある。

これらのサービスは、顧客満足度を向上させつつ、自社サービス経済圏に顧客を囲い込む効果がある。NISAなどの導入により若年層が資産形成の必要性を認識し始める中、自社の証券口座に顧客を取り込むための有力な戦略になりつつある。

暴力団排除条項

暴力団等との取引拒絶や、取引開始後に取引の相手方が暴力団等であることが判明した場合に契約を解除する旨を記載した契約条項。金融機関は厳正な運用が求められている。

近年、暴力団等の反社会的勢力（以下、反社）は活動実態を隠すために通常の企業活動を装うなど、資金獲得活動を巧妙化させている。こうした状況に対応するため、2007年に政府は「企業が反社会的勢力による被害を防止するための指針」を公表し、対策の1つとして暴力団排除条項（以下、暴排条項）の導入が盛り込まれた。

2008年に**金融庁**は上記指針を踏まえ、監督指針を改正した。これを受け、全国銀行協会は銀行取引約定書や普通預金、当座勘定の暴排条項の参考例を発表した。2011年に全銀協は、暴力団の共生者や元暴力団員も排除対象とすることを明確にする改正を実施した。現在、多くの銀行が暴力団離脱後も5年間は口座開設に応じない「元暴5年条項」を導入している。

2013年にみずほ銀行の提携ローンに係る暴力団員向け融資の問題が発覚し、金融庁は反社対策を強化した。同年12月に金融庁は「反社会的勢力との取引遮断に向けた取組み推進について」を公表した。

2018年から、反社情報システムの取り扱いが開始された。金融機関は、必要に応じて預金保険機構を経由して警察庁の保有する反社データベースに照会を行っている。

暴排条項の効果もあり、暴力団組織は衰退傾向にある。一方で、元暴5年条項に関しては、暴力団離脱者の社会復帰を妨げる壁となっているとの批判的な意見もみられる。

老朽化マンション対応問題

金融界における老朽化マンション対応問題とは、老朽化が進むマンションの管理組合支援などを目的とする融資の取り組み検討のことである。

　従来、マンションの管理組合は法人格を持たず、担保や保証が取れないことから破綻すれば回収不能となるリスクが高く、融資は多くの金融機関にとって未知の領域であった。

　一方で、管理組合の収入源である管理費積立金は、安定的に確保することができ、滞納率が低ければ、資金収支計画は確実に見通せる利点もある。金融機関が長期の資金繰り計画策定を支援すれば一時的な不足資金の融資につながることから、いくつかの金融機関が勉強会の立ち上げ、融資の取り扱いを始めるなどの動きが出てきている。

　マンション管理組合に対する融資には、事業性融資、住宅ローンなどとは違う課題も多い。例えば、死去した所有者の相続人による管理・積立金の支払い滞納が増加傾向にあること、タワーマンションなど投資家が所有するマンションは管理組合に非協力的な場合が多いこと、何よりも住民の当事者意識が低い場合は、管理組合が機能不全となり、マンションの修繕計画の策定そのものがおろそかになる場合がある。

　マンション管理組合に対して、融資を行おうとする場合、地域の課題解決という金融機関本来の使命を果たす姿勢が従来にも増して求められる。単に資金計画の策定支援、建設業者の紹介、融資の実行、回収だけでなく、管理組合との深い対話を行っていくことが必須と言えよう。

経営・市場

犯罪収益移転防止法

マネーロンダリングやテロ資金供与を防止するため、金融機関等に対して本人確認や疑わしい取引の届け出義務を課した法律。近年、数次にわたり改正が実施されている。

2008年に施行された犯罪収益移転防止法（以下、犯収法）は、その後数次にわたって改正により厳正化がはかられるとともに、ICT技術革新の進展にあわせた手続きの見直しが実施されている。

2013年施行の改正では、取引時の確認事項の拡充やハイリスク取引の類型の拡大が導入された。2016年施行の再改正では、①疑わしい取引の届け出の判断方法の明確化 ②法人の実質支配者の確認の強化 ③写真のない身分証明書を使用する場合の本人確認手続きの厳格化、が導入された。

2019年には、eKYCと呼ばれるオンライン上で本人確認手続きを完結させる方法が認可された。2020年には、金融機関等による本人確認の手続き

が厳格化された。

この一方で、マネロン対策の国際組織のFATA（金融活動作業部会）は、2021年8月に日本のマネロン対策は実質的に不合格であるとする審査結果を公表した。

具体的には、預金口座開設後の本人確認や取引内容のチェックが不十分であると指摘された。

この審査結果に対応するため、不正送金の検知システムの共同開発が進められている。さらに、法務省は2022年1月から非上場企業を含む株式会社に対し、大株主に関する情報提供を要請する。本措置の導入後は、金融機関による企業の実質支配者の把握が容易となり、マネロン対策の強化が図られる見込みである。

ATM連携・共同化

複数の金融機関でATMを相互利用することや、複数の金融機関が共同でATMを運用すること。これにより、設置エリアが重複するATMの廃止などによる維持費用の削減が期待される。

ATMを複数の金融機関で相互に利用可能とするATM連携が増加している。預金者は自身が口座を持つ金融機関以外のATMでも、相互利用可能な金融機関のATMであれば利用可能となり、自身が口座を持つ金融機関のATMを利用する場合の手数料と同水準となるケースもある。大手行でも、2019年9月から三菱UFJ銀行と三井住友銀行の、商業施設などの銀行施設外にある拠点に置かれているATMについて、双方の利用条件が統一され、ATM連携が開始された。

さらに両行では、2021年度内に、現金輸送や警備、障害時の対応なども共同化されることが発表されている。

このような複数の金融機関同士のATM連携・共同化が進

む背景には、社会のデジタル化に伴い、金融機関の持つ伝統的なATM網が合理化の対象となっていることが挙げられる。ATMを維持運用するためには、設置場所の賃料、警備費などを含め、一台あたり月30万円ほどかかるとされる。顧客からの手数料では維持運用費用を賄えないことから、ATMの台数を削減することは、金融機関における経営合理化の1つの手段となっている。

このATM台数の削減の動きに合わせ、ATM台数の削減による顧客の利便性低下を防ぐことを目的として、複数の金融機関によるATMの相互連携や、ATMを共同で運用する取り組みが拡大している。

また、キャッシュレス決済の拡大に伴い、現金の利用頻

度が低下してきていることも、ATM台数の削減と、それに伴うATM連携・共同化を後押ししている。

2021年3月にキャッシュレス推進協議会から公表された「キャッシュレス・ロードマップ2021」によると、国内におけるキャッシュレス決済の比率は、2009年時点の12.3％から、2019年の26.8％へと、10年間で2倍以上に上昇している。また、2017年までは年1ポイント前後の増加となっていたものの、2017年以降で見ると、年2ポイント以上の増加となっており、キャッシュレス決済の利用拡大が加速していることが確認できる。

キャッシュレス決済の拡大に合わせるように、都市銀行などが設置するATMは、年々その数を減らしている。

全国銀行協会の決済統計年報によると、都市銀行、地方銀行、信用金庫、信用組合、労働金庫などが設置するATMの台数は、2011年の約11万台から、2020年には約9万7,000台へと、10年間で約12％も減少した。キャッシュレス決済の拡大により現金利用の需要が低下すれば、ATMの台数削減を背景としたATMの相互連携や共同化は、さらに増加するものと予想される。

これらに加え、新型コロナウイルス感染症の流行も、ATMの相互連携や共同化を加速させる1つの要因となる可能性がある。新型コロナウイルス感染症の感染防止対策の一環として、各金融機関は積極的なインターネットバンキングの利用を推奨している。これまで送金などでATMを利用していた預金者が、インターネットバンキングをATMの代わりに利用するケースが増加することが予測される。

インターネットバンキングの利用拡大に伴うATMの利用頻度の低下は、さらなるATMの廃止や、近隣する金融機関同士のATM相互連携、共同化を推進する可能性がある。

BPR

金融機関では、営業現場への人員シフト、コスト削減圧力、働き方改革への適応などがドライバーとなり、デジタル技術も活用した業務の抜本的見直し（BPR）が進んでいる。

経営、市場

Business Process Re-engineeringの略。

金融機関は業務効率化や顧客満足度向上のため、従来から ①個々の営業店・部署の業務を専門部署へ集約 ②業務プロセス自体の見直しや人材の多能工化（多様な業務を遂行できる柔軟な体制整備）などを進めてきた。

近年では、紙文化・ハンコ文化の中で培われてきたアナログ業務を、デジタルに置き換える動き（デジタイゼーション）が進んでいる。各種帳票の電子化（ペーパーレス）は、最たる例である。これにより、営業担当者のタブレット端末の保持も増えてきた。

また、情報のデジタルへの置き換えにとどまらず、データの利活用や、業務全体の効率化につながる動きも、徐々に見られるようになってきた。例えば、AI（人工知能）を活用したローン審査、**チャットボット**と呼ばれる顧客からの問い合わせへの自動回答などである。

他方で、デジタル技術を取り入れても、業務を個別に改善していては、効果は少ない。そもそもの業務自体の必要性やあり方、ビジネスモデル変革にまで踏み込まない限り、大きな効果は望めない。

そのため、昨今ではBPRにあわせて、営業店の再定義、サービスレベルの見直しまで含めて取り組む事例が多い。デジタル技術の導入は入り口に過ぎず、これまで踏み込めなかった「大きな覚悟を伴う改革」が求められている。

CSV（共通価値の創造）

地域金融機関が顧客企業に付加価値の高いサービスを提供することで、安定した経営基盤を確保する取り組み。共通価値向上と社会的課題解決の同時達成が好循環のループとなる。

共通価値の創造（Creating Shared Value：CSV）とは、マイケル・ポーターとマーク・クラマーが2011年に提唱した「社会的価値と経済価値は両立する」という概念で、事業活動を通じて企業の成功と地域社会の進歩を結び付ける。民間企業も社会的課題解決を担う主体と位置付けるSDGsの考えとも軌を一にする。

金融庁では、2003年に「リレーションシップ・バンキング」を提唱し、その考え方を発展させてきたが、その延長線上にある概念として、2019年8月の金融行政方針「利用者を中心とした新時代の金融サービス」の中で「共通価値の創造」という言葉を使用した。

地域金融機関が地域企業に寄り添い、その事業内容等を評価して経営課題を共有し、地域金融機関の人材や資金等の経営資源を活用して解決策を見い出す。これにより、地域企業の生産性が向上し、地域経済の発展にも貢献する。その結果、収益が安定した顧客基盤に支えられ、地域金融機関の経営も安定するという好循環のループが実現する。

企業の抱える問題は常に変化するが、地域金融機関は、変化に応じたソリューションを提供する必要がある。顧客起点で取り組みを進められれば、持続可能なビジネスモデルの構築につながり、「共通価値の創造」にもつながる。各地の地域金融機関においても、「共通価値の創造」を実現するビジネスモデルを確立しようとする動きが増えている。

経営、市場

FRBによるテーパリング

テーパリング（tapering）は、量的緩和における国債などの新規購入額を段階的に漸減させるための出口戦略、将来的な金利引き上げに向けた地ならしである。

世界金融危機後の2012年9月に、**FRB（米国連邦準備制度理事会）**は雇用市場の十分な改善を条件として時間軸効果を狙った量的緩和（QE3）を導入し、住宅ローン担保証券（MBS）の毎月の追加購入を決めた。その後、雇用改善等を踏まえ2013年12月から10か月をかけて、国債やMBSの新規購入額を段階的に漸減させ、最終的にゼロにした。テーパリングと呼ばれたこの漸減プロセスは、引き締めではなく量的緩和を弱める政策であり、将来的な引き締め方向に向けた地ならし、量的緩和からの出口戦略と位置付けられ、その先にある引き締めと区別された。

テーパリングの成功には、市場との対話を丁寧に行い、政策の先行きを織り込ませる忍耐強い努力が肝要だ。2013年5月にFRBがテーパリングを示唆すると、債券利回りの急上昇、緩和マネーの恩恵を受けていた新興国からの資本流出などの混乱が生じた（テーパリング・タントラム）。

2021年11月から開始したテーパリングは、コロナ危機対応の無制限の量的緩和からの出口戦略であり、資産購入額を月150億ドル減らし、2022年半ばの完了を目指す。前回の反省も踏まえ、政策金利の変更はその先にあることも強調している。FRBは2020年11月から議論を開始。テーパリングの可能性について市場と慎重なコミュニケーションを行い、FOMC議事録やパウエル議長の講演で年内開始の方向性を示していた。

経営・市場

172

LGBTsと金融

金融業界では、LGBTs向けの住宅ローンや生命保険等の金融商品が登場。金融機関内部でも採用活動や福利厚生等においてLGBTsに配慮した制度面の整備が進んでいる。

日本社会・産業界が多様性への理解を深める中、金融機関でも、LGBTs（Lesbian/女性の同性愛者、Gay/男性の同性愛者、Bisexual/両性愛者、Transgender/身体と心の性が一致しない人、の頭文字を組み合わせた言葉で性的少数者を表す言葉の1つ）への取り組みが進んでいる。

住宅ローンでは、自治体が発行するパートナーシップ証明書等により、同性パートナーと婚姻関係に準じた生活を送っていることを証明することで利用できる商品が登場している。

生命保険においても、保険金の受け取りに同性パートナーの指定が可能な商品や、パートナー同士による同一口座での資産管理を行える商品が登場する等、LGBTs向けの金融サービスは今後も拡大していくとみられる。

金融機関内部でのLGBTsに配慮した規則や制度面の整備も始まっている。

日本の大手金融グループでは、社内研修や啓発活動、相談窓口設置のほか、同性パートナーの登録により、配偶者や家族等を対象にした福利厚生制度の利用が可能となるよう就業規則の改定を進めるところもある。

一部の外資系金融機関では、LGBTsの学生を対象にした会社説明会の開催など採用活動において変化がみられるほか、自認する性別に基づいた氏名の使用、性別に関わらず利用可能なトイレの設置なども進めている。

LIBOR 廃止の影響

金利指標であるLIBORは一部を除き、2021年末以降直ちに公表停止される。デリバティブ契約、企業向け貸し出しや社債の発行条件等で利用されており、廃止の影響は多岐に及ぶ。

LIBOR（London InterBank Offered Rate）は、ロンドンの銀行間取引市場において、複数のパネル行が呈示するレートの平均金利として算出される金利指標である。

2012年夏以降のLIBOR不正操作事件を踏まえ、2017年に英国の金融当局であるFCA（金融行為規制機構）が、「2021年末以降、LIBORを存続させるための公的な支援を行わない」旨を表明し、LIBORの公表停止の可能性が高まっていた。

そして、2021年3月、FCAは、LIBORの運営機関であるICE Benchmark Administration（IBA）が実施していたLIBORの通貨・テナー別の恒久的な公表停止時期に係る市中協議結果等を踏まえ、現行のパネル行が呈示するレートを一定の算出手法にもとづき算出するLIBOR（パネルLIBOR）については、2021年12月末以降直ちに公表停止とするアナウンスメントを公表した（なお、米ドルLIBORの翌日物、1カ月物、3カ月物、6カ月物、12カ月物については、2023年6月末以降直ちに公表停止される）。

LIBORは、金利スワップなどのデリバティブ契約で主に用いられ、企業向けの貸し出しや社債の発行条件などで使われたケースも多く、金融機関だけでなく、事業法人や機関投資家など多様な利用者の間で活用されてきた。**金融庁・日本銀行**の合同調査によれば、国内278金融機関が締結している、満期が2021年末を越えるLIBOR参照契約の残高は、貸し出し等の運用が約97兆円、

経営・市場

預金・債券等の調達が約17兆円、デリバティブの想定元本が約3,200兆円に及ぶとの結果も出ており、その公表停止にあたりこれら契約の円滑な変更等が課題となっている。

LIBORを利用する企業や金融機関においては、LIBORを利用する契約の満了時のタイミングで、新規に契約する金融商品・取引について、LIBORの恒久的な公表停止前にLIBORに代わる金利指標（代替金利指標）を利用したり、契約期間中に、契約の変更手続き等によりLIBORから代替金利指標に変更すること（移行）、あるいはLIBORを利用している契約について、LIBORの公表停止後などの取り扱いをあらかじめ合意しておくことが求められる（フォールバック）。

日本では、LIBORの代替金利指標として、日本銀行が公表する無担保コールオーバーナイト(O/N)物レート(TONA)や全銀協TIBOR運営機関が公表するTIBOR(Tokyo InterBank Offered Rate)があるほか、日本銀行が事務局をつとめる「日本円金利指標に関する検討委員会」が2019年に実施した市中協議でもっとも支持を集めたのが、東京ターム物リスク・フリー・レート(TORF)であり、現在は「QUICKベンチマークス」がTORFの確定値の公表を行っている。

TORFは、**金融商品取引法**において、「金融指標であって、その信頼性が低下することにより、我が国の資本市場に重大な影響を及ぼすおそれがあるもの」と定義される「特定金融指標」である。金融機関の信用リスクをほぼ含まないとされる無担保コール翌日物金利に基づく指標で、デリバティブ取引のデータから1カ月や3カ月などの期間の金利を計算する。LIBORなど既存の金利指標と同様、金利の計算期間の開始時点でレートが決まっているため、切り替えに伴うシステムや事務作業の負担は比較的小さいとされている。

RAF(リスクアペタイト・フレームワーク)

経営陣らがグループの経営戦略などを踏まえて進んで受け入れるリスクの種類と水準について、対話・理解・評価するためのグループ内共通の枠組み。

リスクアペタイト・フレームワーク(RAF：Risk Appetite Frame-work)の整備は、2009年10月に公表されたシニア・スーパーバイザーズ・グループの報告書「2008年グローバル金融危機からのリスク管理上の教訓」で、金融機関のリスク管理において今後改善が期待される項目の1つとして示されている枠組み。

これとともに、**FSB(金融安定理事会)** が2011年10月に公表した報告書において、監督当局の主要課題として認識されてきた。

その後、FSBは2013年11月に「実効的なリスクアペタイト枠組みに係る原則」を公表した。実効的なRAFの導入をコーポレートガバナンスに関する規制上の課題と位置付けて、リスクアペタイトに関連する用語の定義の共通化を図るとともに、RAFに係る諸原則について提言している。

日本では、**金融庁** がリスクアペタイトを「自社のビジネスモデルの個別性を踏まえた上で、事業計画達成のために進んで受け入れるべきリスクの種類と総量」と表現し、「資本配分や収益最大化を含むリスクテイク方針全般に関する社内の共通言語として用いる経営管理の枠組み」をRAFと定義した。昨今では多くの金融機関が、自社のリスク・リターン状況を業務特性に応じた適切な粒度で評価するとともに、ストレステスト等を活用したリスクアペタイトを機動的に見直す枠組みの構築並びに運用に取り組んでいる。

SPAC

特定目的会社のことで、未上場会社の買収のみを事業目的とした箱企業である。未公開株式に対して少額投資や短期資金回収できる点などから、米国ではSPAC上場が活発化している。

SPACとは「Special Purpose Acquisition Company」の略で、特定目的会社のことである。近年、米国ではSPAC上場が活況を呈しており、IPO件数の約7割がSPACを用いられている（2021年5月）。SPAC組成者は自己資本を投入して立ち上げ、それを上場することで資金を調達。その資金で未上場会社を買収し、SPACと未上場会社を合併することで上場会社となることができる。この際、被買収企業が存続会社となる。

1980年代、SPACは「ブランク・チェック・カンパニー」（白地小切手会社）とも呼ばれ、一種詐欺的行為の道具として使われていた経緯がある。近年では、規制強化により一般企業のIPOのハードルが高まったこと、著名な投資家や経営者がSPACのスポンサーになり、信用度やイメージが改善されたことなどがあり、SPACへの資金流入が拡大している。さらに、コロナ禍のもと金融緩和が進みSPAC投資に緩和マネーが集中している。日本では現行認められていないが、ソフトバンクグループの米国SPAC設立などで、注目は高まっており、2021年日本でも導入に向けて検討が開始された。

投資家にとっては、未公開株式投資に少額資金で参加できること、PEファンドよりも短期間に資金回収ができるというメリットもあるが、SPAC組成者による企業審査の脆弱性（虚偽説明疑惑など）、SPAC組成者の報酬が大きくインセンティブを歪める恐れなど、投資家保護の問題もある。

IV 脱炭素・サステナビリティ

SDGsへの関心が世界的に広がっている
（外務省 JAPAN SDGs Action Platform）

金融界でも脱炭素、環境対応の取り組み強化が急務に。
ESG投資額も飛躍的に増加した（写真は金融庁「サステ
ナブルファイナンス有識者会議」座長の水口 剛・高崎
経済大学 学長）

インパクト投資

インパクト投資は、社会的課題の解決と経済的利益の双方の両立を目指した投資を指す。民間からの投資を通じてSDGs達成を支援する手段として注目されている。

インパクト投資は、社会的課題の解決と経済的利益の双方の両立を目指した投資を指す。再生可能エネルギーや医療・介護など社会的課題によって高い成長が期待できるインパクト投資を行う企業（インパクト企業）へ投資することで、社会にプラスの効果をもたらす。名ばかりで内実を伴わないESG投資が一部で問題視される中、インパクト投資は民間からの投資を通じてSDGs達成を支援する手段として注目されている。

インパクト投資という言葉は、2007年に米国ロックフェラー財団が最初に使用したとされ、SGDsへの関心の高まりもあり、株式・社債市場にも広がっている。国際金融公社によると、資産運用会社など

によるインパクト投資の運用残高は、前年比43%増の5940億ドル（2020年）となった。

我が国では、2016年8月に設定された三井住友DSアセットマネジメントの「世界インパクト投資ファンド」、2021年6月に設定されたりそなアセットマネジメントの「日本株式インパクト投資ファンド」などがある。なお、インパクト投資は、ESG投資の一種ではあるが、社会的課題の解決に貢献している企業群から投資機会を見出すというアプローチであり、環境・社会・企業統治に配慮する企業を重視・選別して投資するESG投資とは異なる。課題としては、世界的な情報開示の指針の整備、環境・社会への影響度の測定方法の開発が挙げられる。

環境格付け融資

金融機関の融資審査に際して、融資先企業の環境への取り組みを格付けし、その結果を金利などの融資条件に反映させる融資メニュー。近年はESG融資の一部として位置付けられる。

金融機関の融資審査では、融資先企業の財務情報などに基づいて融資の実行判断や条件設定を行う。それと合わせて融資先企業の環境への取り組みを評価・格付けし、その結果に応じて優遇金利を適用するなど、融資条件に反映させるのが環境格付け融資である。

環境格付け融資は、2004年に日本政策投資銀行が世界で初めて導入した。金融機関にとっては融資先企業の非財務情報を審査に組み込めるというメリットがあるほか、融資先企業にとっても環境対策の動機付けになるといった意義があることから、民間金融機関にも波及した。

近年ではESG（環境・社会・ガバナンス）が重視されるこ

とから、環境格付け融資もESG融資の一部とみなされつつある。同時に、金融機関には単に融資先企業の取り組みを審査するだけではなく、企業が定めるESG目標の達成に向けて助言する体制を整えるなど、継続的な支援を行うことも期待されるようになっている。

環境省も、2007年度から環境格付け融資の普及策として実施してきた「環境配慮型融資促進利子補給事業」に代わり、2019年度からはESG融資の促進を目指す「地域ESG融資促進利子補給事業」を行っている。2020年度には本事業を運営する環境パートナーシップ会議によって銀行28行、信用金庫6行、合計34行が採択され、合計48件が交付決定を受けている。

脱炭素・サステナビリティ

気候変動リスク・機会

気候変動に伴い、企業活動には様々なリスクと機会が生じる。企業は、「リスク」及び「機会」の観点から中長期的な事業活動への影響の把握、戦略の検討が求められている。

気候変動リスクは、脱炭素社会・経済への移行に伴うリスク（移行リスク）と気候変動による災害等により顕在化するリスク（物理的リスク）に区分される。

「移行リスク」は、「法や規制」「技術」「市場」「レピュテーション」の4つのリスクに分類される。また、「物理的リスク」は、台風、洪水、干ばつ等、個別の気象事象による「急性リスク」と気温上昇や海面上昇等、気候パターンの変化による「慢性リスク」に分類される。

気候変動に伴う影響は事業・業種により様々であり、国内だけではなく海外の気候変動影響がサプライチェーン等を通じて企業活動に大きな影響をもたらすことも懸念されている。

他方で、資源効率性、低炭素エネルギーの利用や、製品・サービスを通じた貢献等、新たな成長市場におけるビジネスチャンスを獲得し、いかに企業価値を高めていくことができるか、といった気候変動問題がもたらす「機会」の観点もある。「リスク」と「機会」の両面から気候変動問題を捉え、企業の長期的な成長戦略を検討することが求められる。

さらに、近年、**ESG投資**の拡大を背景に、長期視点で持続的な成長力を評価するため、投資家も企業の気候変動リスク・機会を分析・評価する**目利き力**を養う必要性が出てきている。**TCFD**等の枠組みを活用した企業・投資家間の対話の促進が期待される。

脱炭素・サステナビリティ

グリーンボンド

温室効果ガスの削減や生物多様性の保全など、環境関連事業における資金調達を目的とした債券。SDGs(持続可能な開発目標)やESGに関連する資金調達手段として拡大している。

グリーンボンドとは、温室効果ガスの削減や生物多様性の保全といった環境関連事業の資金調達を目的とする債券である。単に投資家や発行者が環境貢献をアピールする手段ではなく、開発需要の高い成長分野の資金調達手法として注目される。

近年はESG（環境・社会・ガバナンス）に関わる債権を総括してESG債またはSDGs債と呼ぶが、グリーンボンドはその中心である。

グリーンボンドの定義や発行基準は、国際資本市場協会（ICMA）が公表する「グリーンボンド原則」が目安となっている。この原則は①調達資金の用途 ②プロジェクトの評価と選択のプロセス ③調達資金の管理 ④情報公開

という4つの項目が核となっている。なお、ICMAは同原則と「ソーシャルボンド原則」を総括して「サステイナビリティボンド・ガイドライン」を公表している。

グリーンボンドは2008年に世界銀行が発行を開始し、その後、国際金融機関や民間企業、行政機関へと取り組みが広がった。国際NGOの気候債券イニシアチブによると、2020年の世界の発行額はコロナ禍もあって前年並みの2,695億米ドルとなった。

日本でも環境省が「グリーンボンドガイドライン」を公表するなどして普及を後押ししている。2020年の国内企業等によるグリーンボンド発行額は1兆540億円（発行件数94件）となっている。

サステナビリティ・リンク・ローン

借入人のサステナビリティ戦略と整合した目標（SPTs）の達成と融資条件を連動させるインセンティブを付けることで、借り入れ人及び社会の持続可能な成長を企図する融資。

サステナビリティ・リンク・ローンとは、Loan Market Association等が策定した「サステナビリティ・リンク・ローン原則（SLLP）」や環境省が策定した「グリーンローン及びサステナビリティ・リンク・ローンガイドライン（環境省ガイドライン）」に基づき、借入人のサステナビリティ戦略と整合した目標（サステナビリティ・パフォーマンス・ターゲット/SPTs）の達成と融資条件を連動させることで、借入人及び社会の持続可能な成長を企図するファイナンス手法である。

グリーンボンド等と異なり、資金使途が特定のプロジェクトに限定されないという利便性やサステナビリティ戦略に焦点が当てられるPR効果などが相まって、今度の取り組み拡大が注目されている。なお、国内では2019年度に初めて活用され、現在では数十件の組成が確認されている。

SLLPや環境省ガイドラインへの適合性を確認するプロセスとしては、①外部評価機関へ委託する方法 ②借入人が自己評価を行う「内部レビュー」と呼ばれる方法が存在する。②の場合には、借入人が自己評価を行うための内部の専門的知識を示す、または開発することが強く奨励されている。

具体的には、環境省ガイドラインにおいて、貸し手が自己評価に助言等行う場合には、貸し手が**環境格付け融資**等の専門的知識を有することが求められている。

トランジション・ファイナンス

パリ協定が目指す脱炭素社会の実現に向け、長期的な移行（トランジション）戦略に則った温室効果ガス削減に取り組んでいる企業の支援を目的とした資金調達手段。

パリ協定の目標達成には多額の投資が必要とされているが、すでに技術が確立しているグリーンプロジェクトに対する**グリーンボンド**等での資金供給のみでは、必要な投資資金全てを捻出することは困難と目されている。

このような中、カーボンニュートラルの実現に向けては、温室効果ガスの多排出産業における低炭素化の取り組みなど、脱炭素に向けた移行（トランジション）に資する投資への資金供給が重要となる。

上記の問題意識を背景に、世界各国では、それぞれの実情を踏まえた取り組みが推進されてきたが、横断的な基本指針として、2020年12月、国際資本市場協会（ICMA）が「クライメート・トランジション・ファイナンス・ハンドブック」を上程している。

日本においても、経済産業省等が「トランジション・ファイナンス環境整備検討会」を開催し、前述のハンドブックとの整合性に留意しつつ、日本固有のエネルギー事情等も踏まえた日本版の指針「クライメート・トランジション・ファイナンスに関する基本指針」を2021年5月に公表している。

国内では海運業界にて数件の組成が確認されており、経済産業省は、トランジション戦略は国や分野ごとに異なるとの考えから、多排出産業において参照し得るロードマップを策定し、さらなるトランジション・ファイナンスの推進に取り組んでいる。

ESG投資

財務面のみならず、Environment（環境）、Society（社会）、Governance（ガバナンス）といった非財務面を考慮した投資。企業の持続可能性、すなわち長期的な収益性が評価される。

ESG投資は、企業の財務情報だけでなく、環境や社会、ガバナンスといった非財務情報を重視する投資である。環境とは気候変動対策、社会とは従業員の労働環境の整備、ガバナンスとは取締役の構成や不正防止の徹底などを指しており、**SDGs（持続可能な開発目標）**にも関連が深い。

ESG投資の類似概念として、社会的責任投資（SRI）が挙げられる。SRIが倫理的・社会貢献的な意味合いとどまるのに対し、ESG投資はESGに関する情報を持続可能性、すなわち長期的収益性を示す経営指標として積極的に評価する。

世界責任投資連盟（GSIA）によると、2020年における世界全体のESG投資額は35兆3,000億米ドルにのぼる。日本でも年金積立金管理運用独立行政法人（GPIF）のESG指数連動型の運用資産額が約10兆6,000億円に達しているほか、民間金融機関でもESG投融資の事例が増えつつある。

海外では企業のESG情報をレポーティングするESG格付け機関が増加している。国内でも2020年にESG情報開示研究会が発足し、2021年9月現在で96社・団体が会員になるなどESG投資の環境整備が進んでいる。

金融庁が機関投資家向けに公表する「**日本版スチュワードシップ・コード**」や金融庁と東京証券取引所が上場企業向けに公表する「**コーポレートガバナンス・コード**」もESG要素への配慮を強めている。

脱炭素・サステナビリティ

GX(グリーントランスフォーメーション)

GX（グリーントランスフォーメーション）とは、脱炭素の実現に向けた取り組みを加速させることで産業構造の変革を促し、環境と経済の好循環を創出していくという概念。

世界では、すでに120カ国を超える国が2050年までに脱炭素を実現すると宣言している。脱炭素の実現には、再生可能エネルギーや水素などのクリーンエネルギーの活用やEVへの切り換えなどに代表される商品やサービスの変更など、これまでの産業構造を大きく変える取り組みが必要であり、その必要資金規模は、世界全体で何千兆円にも及ぶとの試算もある。こうした脱炭素に向けた投資を加速させていくことで、環境対応を行いつつ、経済成長を促していく取り組みをグリーントランスフォーメーション（GX）と呼ぶ。

GXに向けた取り組みは、世界の主要各国で進められており、日本も例外ではない。日本は、2021年6月に、2050年の脱炭素化実現に向け、「グリーン成長戦略」を打ち出し、脱炭素の実現に欠かせない14分野の産業分野が特定した。予算、税、金融、規制改革等を総動員し、イノベーション創出に向けた企業の動きを後押ししている。

電力部門では、再生可能エネルギーや水素、原子力による発電の他、CO_2回収型の火力発電、非電力部門の産業・運輸・業務・家庭では、電化及び電化の難しい熱需要への水素化、CO_2回収などの技術活用などが掲げられている。この戦略が実現した場合、2050年の経済効果は約290兆円、雇用効果は約1,800万人と試算されており、経済成長への貢献にも大きな期待が集まっている。

SDGs支援

SDGsは、2015年に国連にて採択された、持続可能な社会の実現を目指す世界共通の目標。金融界でも、SDGs達成に取り組む事業や企業を支援する金融サービスの提供事例が増えている。

2015年9月、ニューヨーク国連本部において「国連持続可能な開発サミット」が開催され、193の加盟国によって「我々の世界を変革する：持続可能な開発のための2030アジェンダ」が全会一致で採択された。アジェンダは、人間、地球及び繁栄のための行動計画として、宣言及び目標を掲げている。「誰一人取り残さない－No one will be left behind」の理念の下、国際社会が2030年までに、持続可能な社会を実現するための重要な指針として、17の目標と169のターゲットからなる「持続可能な開発目標（SDGs）」が設定された。

SDGsは、2001年に策定されたミレニアム開発目標（MDGs：Millennium Development Goals）の後継とされており、MDGsの残された課題、この15年間に顕在化した都市・気候変動・貧困・格差などの地球規模の課題解決を目指すものと位置付けられている。

SDGs達成には、地球市民一人ひとりに焦点を当てることに加え、民間企業や市民社会の役割が重視され、あらゆるステークホルダーが連携することが求められている。

日本では、SDGsを推進するための国家戦略として2016年に「SDGs実施指針」が策定されるなど、SDGsの普及・促進に向けた取り組みが進められてきた。昨今では政府・民間・研究機関・非営利団体など様々な主体がSDGsを踏まえた意欲的な活動を始めている。

金融界を見ても、2018年に日本証券業協会が「SDGs宣言」

を公表したほか、全国銀行協会がSDGsや**ESG投資**の重要性を踏まえ「行動憲章」を改定するとともに、SDGsの推進体制及び主な取り組み項目を定め、業界全体として後押しする動きが始まっている。

具体的には、直接金融市場において**インパクト投資**や**グリーンボンド**、サステナビリティボンド等、SDGs達成に向けた資金の流れを形成する投資商品が多く開発・提供されているほか、SDGsの目標に照らして企業の取り組み状況を評価しESG投資を行う投資家も増えてきた。世界最大の機関投資家である年金積立金管理運用独立行政法人（GPIF）は、2015年に責任投資原則（PRI）に署名するなどESG投資を強化しており、SDGsに取り組む企業に対しても積極的に投資を進める姿勢を示している。

間接金融においても、SDGsに貢献する事業・企業を支援する融資や私募債制度の導入、ファンドを設立する事例がみられる。大手行がESGに配慮した資金使途や企業戦略を評価するESG関連融資/私募債のラインナップを拡充させているほか、地方銀行でもSDGs宣言を表明し、SDGs関連のローン商品やコンサルティングなどを通じて取引先の支援に注力する動きが活発化している。

環境省が主催するESG金融懇談会の提言（2018年7月）において、ESG/SDGs金融の重要性及び取り組み強化が掲げられ、今後こうした動きはさらに拡大して行くであろう。SDGsという21世紀の国際的な大義の下、人類の幸福（well-being）を目指し、政策の制度再考、企業経営の高度化、個人のライフスタイルの変容を通じて、地球規模での持続性構築が始まっている。

SUSTAINABLE DEVELOPMENT GOALS

脱炭素・サステナビリティ

189

TCFD（気候関連財務情報開示タスクフォース）

TCFD（気候関連財務情報開示タスクフォース）とは、G20の要請を受け、FSB（金融安定理事会）により、気候関連の情報開示及び金融機関の対応を検討するために設立された組織。

TCFDは、2017年6月に最終報告書として気候関連財務情報開示タスクフォースによる提言（TCFD提言）を公表。企業等に対し、**気候変動関連リスク、及び機会**に関して「ガバナンス」「戦略」「リスクマネジメント」「測定基準（指標）とターゲット」の4つから構成される11項目（図表）に従い開示することを推奨している。

TCFD提言は、気候変動に関する開示のフレームワークの一種であり、会計基準のような強制力はなく、企業・機関は、各国の開示ルールを踏まえて「賛同」という形をとっている点が特徴だ。賛同企業・機関は、TCFD提言に則った情報開示や情報利用についてそれぞれの主体に応じた自発的な活動が期待されている。

2021年9月現在、TCFD提言に賛同した企業・機関は、全世界で2,418にのぼり、短期間で最も成功した開示フレームワークの1つといえよう。国別賛同数は日本が475で最も多く、英国（375）、米国（328）が続く。日本では、主要な金融セクターだけでなく、大企業を中心に非金融セクターでも賛同の輪が広がり、賛同数が増加。足元では全体の約70%を非金融セクターが占めている。背景には、2018年12月に経済産業省の主催する研究会が「気候関連財務情報開示に関するガイダンス（TCFDガイダンス）」を公表するなど、他の先進国と比較して早い段階から、官民が連携しながらTCFD提言に対応してきたことが挙げられる。

また、2019年5月「TCFDコンソーシアム」を設立し、「対話」をテーマに非金融セクターも巻き込んだ議論の場を設けることでTCFD提言を日本に浸透させてきた。その最初の成果として、2019年10月、投資家等の気候変動開示情報に対る視点を解説した「グリーン投資の促進に向けた気候関連情報活用ガイダンス」を公表（2021年10月改訂）。さらに、2020年7月、TCFD提言への賛同企業の増加に伴う対象セクターの拡大とコンソーシアムでの議論反映のため「TCFDガイダンス」を改訂し、「気候関連財務情報開示に関するガイダンス2.0」を公表した。このような取り組みが世界でも広く評価されるよう、国際的な議論に参加するだけではなく、国際会議である「TCFDサミット」を日本で主催するなど情報発信にも積極的に取り組んでいる。

さらに、2021年6月の**コーポレートガバナンス・コード**改訂においては、プライム市場上場企業におけるTCFD又はそれと同等の国際的枠組みに基づく気候変動開示の充実が明記されるなど、TCFDの枠組みに沿った情報開示の重要性が高まっている。

TCFD提言が求める推奨開示項目

		ガバナンス	戦略	リスクマネジメント	測定基準（指標）とターゲット
推奨開示項目		気候関連リスク・機会に関する組織のガバナンス	気候関連リスク・機会がもたらす組織の事業、戦略、財務計画への実際及び潜在的影響	気候関連リスクの特定、評価、管理方法	気候関連リスク・機会を評価・管理する際の測定基準とターゲット
	a	気候関連リスク・機会に関する取締役の監督	特定した短・中・長期の気候関連リスク・機会	気候関連リスクを特定・評価するための組織のプロセス	気候関連リスク・機会を評価に使用する測定基準
	b	気候関連リスク・機会の評価と管理における経営陣の役割	気候関連リスク・機会が組織の事業、戦略、財務計画に及ぼす影響	気候関連リスクを管理するための組織のプロセス	Scope 1～3の温室効果ガス排出量及び関連リスク
	c		2℃以下シナリオを含め異なる気候関連シナリオ下での組織戦略のレジリエンス	気候関連リスクを特定・評価・管理するプロセスの組織の全体的なリスク管理への統合	気候関連リスク・機会を管理するターゲット・パフォーマンス

出所　TCFD（2017）より編集

脱炭素・サステナビリティ

191

Ⅴ 高齢化

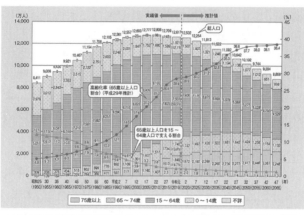

日本の高齢化は着実に進んでいる。人生100年時代の資産形成、認知症対応などの重要性が増している（内閣府「高齢社会白書」）

改正相続法

2018年7月に成立した改正相続法（2020年7月に全面施行）には、預貯金の仮払い制度や配偶者居住権の創設など、金融機関にとっても重要な改正が盛り込まれている。

高齢化社会の進展に伴う老々相続の増加や、高齢配偶者保護の必要性の高まりを受け、相続に関する民法等の規定（相続法）について、2018年7月に約40年ぶりの大改正が実現した。2020年7月に全面施行されている。

預金業務では、葬儀費用など緊急の払い戻しに対応するため、仮払い制度が導入された。遺産分割前に各相続人が、自分の法定相続分に相当する預貯金の一定額まで金融機関の窓口で直接払い戻しを請求する方法と、裁判所の判断を経て請求する方法がある。

相続人が法定相続分を超える財産を取得した場合、改正後は、取得したことを第三者に主張するためには、取得方法を問わず登記や通知などの

対抗要件が必要になった。ただし共同相続人が預貯金の取得を銀行に主張するには、1人の通知で足りる。

遺留分が主張されると、改正前は遺産自体が遺留分権利者のものとなったが、改正後は遺留分相当額の金銭請求に変わった。金融機関にとっては、預貯金・金融商品や担保不動産について遺留分権利者との共有関係が生じなくなり、権利処理が容易になった。

借入金などの相続債務については、債権者は実際の相続分に関係無く法定相続分に従って各相続人に請求できることが明文化された。

遺言信託業務に関しては、遺言内容の相続人への通知義務、不動産の登記申請や預貯金の払い戻し・解約などの遺言執

行者の権限が明文化された。

　全文自筆が必要な自筆証書遺言の作成方法が緩和され、別紙で添付する財産目録の自筆が不要となった。自筆証書遺言を法務局で保管することが可能になり、自宅で保管する場合の紛失や改ざんのリスクを回避できる。

　遺産分割については、遺産の一部のみの分割の明文化により、預貯金などの迅速な権利処理が期待される。一方で、改正前は遺産分割対象外であった、分割前に処分された財産も相続人全員の同意を条件に遺産分割対象とすることができるようになり、遺産の範囲を巡って分割手続きが長期化することも懸念される。

　「配偶者居住権」が導入され、相続開始時に被相続人の持ち家に住んでいる配偶者が、原則亡くなるまでの間、持ち家に住み続けることができるようになった。所有権より評価額が低いため、住む場所を確保しつつ他の財産（預貯金等）

も相続しやすくなる。不動産を担保に融資する場合に、配偶者居住権を踏まえて審査することや、先に登記を備えた配偶者居住権に担保権が劣後する点に留意すべきだ。

　さらに、相続法は、**所有者不明土地問題**への対応のため、2021年4月に関連法とともに改正された（2021年4月28日公布）。原則として公布から2年以内に施行される。主な改正として、まず、相続登記の義務化が挙げられる（公布から3年以内に施行予定）。相続開始から3年以内に、正当な理由なく相続登記を申請しなければ、10万円以下の過料が科される。次に、相続人等が相続等により取得した土地を、法務大臣の承認を得て国庫に帰属させる制度が創設された。ただし、担保権が設定されている土地などは制度の対象外である。その他、早期の遺産分割請求を促すため、寄与分、特別受益について10年間の期間制限が設けられた。

家族信託

受託者が信託業を営む者ではなく、営利を目的としない信託契約。柔軟なオーダーメイドのスキームを作れるため、相続や事業承継対策の有力なツールとして注目を集めている。

1. 概要

受託者が信託業を営む者ではない、営利を目的としない信託契約のこと。

こうした信託契約は通常、家族や親族などが受託者となるため、「家族信託」と呼ばれる。営利を目的とする「商事信託」との対比で、「民事信託」と称されることもある。

遺言書や**成年後見制度**では不可能な、資産の柔軟な管理・運用・処分を伴うオーダーメイドのスキームを作ることができ、多様なニーズや不安に対応できる家族信託は、相続や**事業承継**の有力なツールとして注目を集めている。

2. 活用のメリット

家族信託を使えば、特定の財産を相続時の財産分割協議から切り離して、確実に特定の人に相続させることができる。

例えば、認知症で判断能力が低下することを不安視する資産保有者(委託者)が、正常な判断ができるうちに、最も信頼できる者を受託者として信託契約を結び、あらかじめ定めた目的に従って、特定の人(受益者)のために、指定した時期に、特定の資産を、管理・運用・処分するよう定めておけば、仮に将来、実際に認知症が発症しても、相続、事業承継などに関する自分の意思を貫徹することができる。

障害のある子どもや認知症の配偶者など、自分の死後も生活を支援し続けたい人に、確実に支援を届け続けることもできる。

さらに遺言と異なり、家族

高齢化

信託では、相続人の死後の二次相続の時までを想定し、財産の行き先を指定することができるので、子どもへ、その後に孫へと、先々の承継順位を決めることもできる。

3. 金融機関の対応

家族信託に対する関心の高まりを受け、司法書士、税理士、弁護士などの専門家との連携を深め、顧客から家族信託の活用が有用と考えられる相談を受けた際に、これら専門家を紹介する体制を整える金融機関が増えている。

「家族信託（民事信託）サポートサービス」などの名称で、家族信託の目的の達成に必要な各種金融サービスを提供する金融機関も多くなった。

信託口口座などの呼称で、信託財産専用の預金口座の開設に応じる金融機関もある。

これは、家族信託の受託者には信託財産を自分の固有財産から切り離して管理する義務があるためで、これに対応

し、要請を受けて審査を行った上で、信託財産であることが分かる口座名で預金を開設するものである。

4. 信託銀行などが提供する家族信託類似のサービス

信託銀行などが提供する商品（商事信託）の中にも、家族信託と類似の機能を発揮するものがあり、相続対策商品として注目を集めている。

例えば「遺言代用信託」は、本人が自身の財産を信託し、生存中は本人を、本人の死亡後は配偶者や子どもなどを受益者と定めて、自分が死亡した後の財産の分配を、あらかじめ定めておいた形で実現するものである。相続発生後、必要な資金を特定の家族に迅速に渡したいと考えている場合などに有効である。

また「後継ぎ遺贈型受益者連続信託」は、財産を、あらかじめ定めた人に、複数世代にわたって承継することを可能とするものである。

高齢化

197

金融ジェロントロジー

老年学や脳・神経科学、認知科学などの分野の研究蓄積を高齢期の資産選択、運用、管理に応用する学問分野。この学問的見地を金融サービスに取り入れることが期待されている。

1980年代末に米国で確立された学問領域であるが、日本でも高齢化の進展とともに関心が高まっている。

認知症等が原因となり、高齢者の家計金融資産が適切かつ効率的に運用・活用されない場合、高齢者本人や親族のみならず経済全体にも大きな影響を及ぼし得る。**金融庁**の**金融審議会**等では、高齢者対応を進化させるため、学問的見地を金融サービスに取り込む必要性が指摘されてきた。

金融ジェロントロジーの知見として、高齢者は認知機能が低下しやすい一方で、高齢者自身は認知機能の低下に気付きにくく、「自信過剰バイアス」につながりやすいことが知られている。また、高齢期になれば正常加齢であっても資産管理能力は低下していく一方で、高齢期の資産管理能力は認知機能の状態、金融リテラシー、心理状態等の要因が影響し、個人間のバラつきは大きいと考えられる。

さらに、長寿化が進む中、寿命よりも先に金融資産が枯渇する長生きリスクへの懸念も高まっている。認知機能の低下を考慮しつつ、いかに長生きリスクを回避するかについても、金融ジェロントロジーにおける重要な論点である。

こうした、金融ジェロントロジーの知見を金融サービスに取り入れることを目的に、大学等の研究機関と連携する金融機関がみられるほか、金融ジェロントロジーに関連した検定試験の実施といった取り組みも行われている。

高齢化

後見支援預金

後見支援預金とは、被後見人の財産のうち、日常的な支払いをするのに必要十分な金銭と別に、通常使用しない金銭を別管理できる預金をいう。入出金には裁判所の指示書が必要。

後見支援預金は、被後見人の財産のうち、後見人が管理する日常の支払いに必要十分な金銭とは別に、通常使用しない金銭を預託する預金をいう。

後見支援預金口座の開設や払い戻し、解約などの処理に、家庭裁判所の指示書を必要とすることで、安全性を確保している。**成年後見制度**または未成年後見制度を利用している者が対象であり、保佐・補助・任意後見での利用はできない。

信託銀行などは、2012年から、「後見制度支援信託」の取り扱いを開始した。しかし、信託銀行や専門職後見人などへの報酬が必要になること、最低預入金額が高額(1,000万円以上)となっている信託銀行などが散見されること、信託銀行などの支店が少ない地域では利用が困難であることといった利便性の問題が指摘されていた。

これらを背景に、2017年7月以降、信用金庫や信用組合などが「後見支援預金」の取り扱いをスタートした。

基本的な流れは「後見制度支援信託」と同様だが、金融機関への報酬がないこと、最低預入金額がないこと、信用金庫・信用組合などは地方にも支店が多いといった理由から、利用者の利便性が高い。

2021年3月末現在、「後見支援預金」又は「後見制度支援信託」の導入割合(個人預貯金残高に占める導入済み金融機関の個人預貯金残高の割合)は約65%となっており、取り扱い金融機関の増加により利用者も増えてきている。

高齢化

人生100年時代の資産管理

長寿化の進展により、寿命より先に金融資産が枯渇する「長生きリスク」への懸念が高まっている。老後不安が高まる中、現役期と高齢期の各段階で適切な資産管理が求められる。

人生100年時代を迎える中、資産管理の重要性が増している。長寿化自体は医療技術や社会保障制度の充実の産物であり喜ばしいことだが、想定よりも長生きすることで資産が枯渇する「長生きリスク」がより懸念されるところである。現役期及び高齢期において、資産寿命を延ばすための工夫がより必要となる。

1. 現役期

公的年金は一生涯受給できる終身年金であり、長生きリスクへの対応において非常に有効な手段である。一方で、マクロ経済スライドの実施に伴い、長期的には年金の所得代替率が低下していくことから、現役層には自助努力による資産形成も求められる。ま

た、今の現役世代は、貯蓄がほとんどない世帯の割合が高くなっていることも問題とされる。

こうした現役層の資産形成を促すためには、少額から資産形成できる貯蓄・投資の仕組みが重要である。その一つが「時間」を味方につけた、早い段階からの積立投資である。近年は、iDeCoの加入対象範囲の拡大やつみたてNISAの導入など長期・積立投資を促す制度は充実してきている。

また、昨今では若年層の投資参入が進んできていることが確認され、その背景の1つにはフィンテック関連サービスの普及がある。現役層にとって身近なスマートフォンを用いて、手軽に証券取引ができるスマホ証券が特に存在感を

高齢化

強めている。今後もAIを活用した資産運用アドバイスや金融商品・サービスの提案、アプリを経由した保有資産の「見える化」の促進など、デジタル技術の活用により現役層の資産形成をサポートしていくことが期待される。

2. 高齢期

高齢期の長生きリスクを軽減するための手段として、支出の見直し、退職金の運用や効率的な資産の取り崩し、就労期間の延長や年金の繰り下げ受給による年金額の増額、住宅資産の売却や**リバースモーゲージ**による金銭化など様々な選択肢がある。他方で、高齢者の健康状態によっては、多額の医療費や介護費なども懸念材料となる。このように、高齢期の資産管理には複雑な意思決定が求められる。金融機関には顧客それぞれの状況に応じたサービスや助言の提供がより一層求められるだろう。

高齢者の資産管理においては、認知機能の低下への備えも重要である。取引関係の簡素化や信頼できる者との金融面の情報共有を行うことで、万が一の際に親族等の負担を軽減することができる。また、本人の認知機能が喪失した際の金融取引において、基本的には法定後見制度の利用が推奨されるが、利便性の観点等から利用は進んでいない。法定後見制度よりも柔軟な対応を行うには、認知機能を喪失する前の事前の備えが必要となる。例えば本人の認知機能が喪失する前に任意後見制度や信託サービスの利用を検討することが考えられる。また、投資を行っている場合における認知機能低下リスクへの備えとして、高齢者から金融機関に投資の全部または一部を一任する投資一任サービスの利用も考えられよう。

認知機能の低下・喪失は誰にも起こり得ることを前提に、早めの準備が求められる。

高齢化

成年後見制度・しんきん成年後見サポート

認知症、知的障害、精神障害などの理由で判断能力が不十分な人（預貯金等の財産管理や介護サービスに関する契約締結などを自分で行うのが困難な人）を保護・支援する制度。

1. 成年後見制度

成年後見制度には、法定後見制度と任意後見制度がある。法定後見制度は、判断能力の程度などにより、後見・保佐・補助に分かれるが、その約80％は"後見"の利用者である。家庭裁判所で選任された成年後見人などは、本人（成年被後見人等）の利益のために、代理権・同意権（成年後見にはなし）・取消権により、保護・支援を行う。

任意後見制度は、本人（委任者）の判断能力が十分なうちに、任意後見受任者（任意後見監督人）選任後は任意後見人）との間で、公正証書による任意後見契約を結ぶ。

任意後見人は代理権のみを持ち、本人の判断能力が不十分となった後、契約で定めた事務を通じて保護・支援を行う。後見人などの職務は、本人の財産管理や法律行為に関するものに限られており、実際の介護などは行わない。

また、本人の生活環境の変化や重要な財産の処分などについては、家庭裁判所の許可・報告などが必要になる。成年後見制度は、新たな不動産投資ができなくなるなど、財産管理が硬直的になることから、その他の財産管理の手法として、民事信託なども利用されている。

成年後見制度の利用促進を図るため、2016年「成年後見制度の利用の促進に関する法律」が成立した。これに基づき、2017年「成年後見制度利用促進基本計画」が閣議決定。2019年には、成年被後見人等

高齢化

に係る欠格条項の一律削除を盛り込んだ関連法案が成立している。

2. しんきん成年後見サポート

　超高齢社会が到来する中で、地域を守り、地域の方々を幸せにするという公共的な使命を持った地域金融機関である信用金庫として高齢者福祉、高齢者の財産管理の面で積極的に貢献すべきという観点から、2015年1月21日に品川区内に営業店を持つ5つの信用金庫（さわやか信用金庫、芝信用金庫、目黒信用金庫、湘南信用金庫、城南信用金庫）が協力し、「品川区社会福祉協議会」の指導の下、さわやか信用金庫名誉顧問で品川区社会福祉協議会会長（当時）の石井傳一郎氏が中心となり、「我が国初の金融機関による成年後見事業法人」である「一般社団法人しんきん成年後見サポート」が設立された。

　2017年「成年後見制度利用促進基本計画」には、同法人が内閣府の成年後見制度利用促進委員会において提案した**「後見制度支援預金」**が盛り込まれ、全国銀行協会や各民間金融団体にその取り扱いが要請された。

　しんきん成年後見サポートには、信金OB・OGが業務に従事しており、高齢者活躍促進にも寄与している。設立後6年間で30件以上の法定後見業務を受託し、80件以上の任意後見契約を締結。公正証書遺言の執行や死後事務委任なども幅広く行っている。

　2016年からは**家族信託**契約書作成支援の取り扱いを開始し、300件以上に達する等、金融界における普及啓蒙に努めている。その後「しんきん成年後見サポート沼津」（沼津信用金庫）及び「しんきん成年後見サポート花巻」（花巻信用金庫）が設立され、また西武信用金庫、三井住友信託銀行、常陽銀行なども追随して高齢者福祉のための成年後見事業法人を設立した。

高齢化

生前贈与

贈与は、ある財産を無償で相手方に与える意思表示と、相手方の受諾により成立する契約。贈与者の死亡に基因する死因贈与に対し、生前に行われる贈与を一般に生前贈与という。

贈与(生前贈与)は、民法上「当事者の一方(贈与者)がある財産を無償で相手方(受贈者)に与える意思を表示し、相手方が受諾する事によって、その効力を生ずる」とされている。無償契約・片務契約の典型である。

また、贈与者個人からの贈与を受けた受贈者個人には、贈与税が課される。

贈与税の原則的課税方式である暦年課税では、超過累進税率(10〜55％)が採用されている(特例制度として「相続時精算課税制度」がある)。

「平成25年度税制改正の解説」においては、我が国の家計資産の6割を高齢者が保有している一方、被相続人の高齢化が進んでいるため、相続などによる若年世代への資産移転が進みにくい状況にある、と説明されている。

このような状況を踏まえ、近年では、贈与税制の抜本的改正と連年の緩和を段階的に進めてきた。その後、「令和3年度税制改正大綱」において本問題を重要課題であるとしつつ、一方で、現在の税率構造では、富裕層による財産の分割贈与を通じた負担回避を防止するには限界があるとの指摘が新たになされた。

同大綱では、諸外国の制度を参考にしつつ、資産の移転のタイミングなどにかかわらず、税負担が一定となるような、「資産移転の時期の選択に中立的な税制」の構築に向けて、本格的な検討を進めるとしていることから、今後の改正の動向が注目されている。

高齢化

認知症対応

2035年に高齢者の25%が認知症になるとの推計もあり、認知症対応は急務だ。認知症への理解の促進や、認知機能の低下に対応する金融商品・サービスの提供が重要になる。

75歳を過ぎると認知症有病率が急速に高まることが知られており、後期高齢者の増加に伴い、有病者のさらなる増加が見込まれている。また、認知機能の低下は見られるが、日常生活への支障は大きくない軽度認知障害(MCI)も注意すべきだ。これらの認知機能低下により、例えば、金融詐欺被害に遭いやすくなる、ATMが利用できなくなる、さらに認知症になると預貯金や不動産等の処分が困難になる等の影響をもたらす。

こうした中、顧客が認知症になった場合における親族等による代理人取引の考え方を全国銀行協会が2021年2月に公表するなど、金融界で環境整備が行われている。

また、各金融機関の対応としては営業員も含め組織的に認知症に対する理解を深めることがまず重要であり、認知症サポーター養成講座等の受講を進める金融機関も増加している。さらに、顧客の認知症が疑われる際の、営業員の対応方法のマニュアルやフローの整備も必要性が高まるだろう。地域包括支援センター等の地域の専門機関との連携も対応策として考えられる。

認知機能の低下リスクに対応する金融商品・サービスとしては、信託サービスや投資一任サービスの利用が挙げられるほか、後見制度支援信託・預金のさらなる普及も必要だ。さらにテクノロジーを活用した認知機能低下の察知や異常検知等の普及も期待される。

高齢化

Ⅵ 働き方

コロナ禍が続き、リモートワークの広がりや研修、採用のオンライン化が一段と進んだ（写真は横浜銀行の新入行員向けのオンライン研修）

エンゲージメント醸成

各種施策を通して、「企業の目標と、従業員の貢献したい方向性が連動している状態」を醸成する事である。人材流出の抑制や生産性向上への寄与が期待されている。

エンゲージメントとは、「婚約、誓約、約束、契約」を意味する言葉である。昨今、人事領域において「企業の目指す未来と、従業員が貢献していきたい方向性が連動している状態」という意味で、特に「従業員エンゲージメント」という言葉が用いられる。

エンゲージメントが注目される背景としては、多くの企業で「①人材流出の抑制」と「②労働生産性等の向上」が課題となっている事が挙げられる。成果主義への移行や副業解禁、リモートワーク導入等により、自分に合った職場・働き方を求めて転職・退職をする人材が増加しており、結果として企業側では、将来の幹部候補等の人材流出を抑制する必要出てきている（①に対応）。また、エンゲージメントに関連する調査・研究が進んだことで、エンゲージメントの高い組織は営業利益率や労働生産性が高い事が明らかになっている（②に対応）。

エンゲージメント醸成はこの①、②に対して効果があるとされている。そのため、エンゲージメント醸成に取り組む企業が増加している。施策例としては、「経営者の考えの従業員への周知」「人事異動の活性化や権限移譲によるやりがい創出」等が挙げられる。

各業界でエンゲージメント醸成の考えが広がる中、金融機関においても成果主義型報酬体系の導入や副業解禁等による多様な働き方を認める取り組みにおいて、エンゲージメント醸成が求められよう。

働き方

208

オンライン研修・採用

インターネットを活用して非対面形式で実施する「研修」「採用」のことを言う。対面形式が主流であったが、コロナ禍を契機に急激にオンライン化が進んでいる。

コロナ禍に直面した当初、オンライン研修は多くの企業が苦戦し、中止になるケースも多く見られた。ハード面ではネット環境の整備が問題となることが多く、ソフト面では新入行職員との関係構築やスキル習得の懸念があった。

その後に出てきた対策として、一部研修を大型の会議スペースを借りて、ソーシャルディスタンスを確保して実施するといった対策が見られた。

採用については、これまでのイベント、説明会、インターンシップから、面接、内定後の懇親会や内定式もオンラインでの対応が求められた。大型の採用イベントの多くがオンライン化され、説明会や面接もオンラインで行う必要があるため、こちらもネット環境の整備が必須となる。実際は企業側よりも学生の方がオンライン対応に慣れているケースが多かった。

ネックになるのは、人選である。非対面でどう人材を見定めるかが課題になる。学生側が企業を見る際も同様であり、非対面では企業との信頼関係が十分に醸成されずに内定辞退者が増えることも懸念されている。

ただ、研修・採用のオンライン化が進むと、各拠点の人員の移動が不要、面接官の確保や面接会場の確保も不要となるなどメリットが非常に多い。今後は対面とオンラインのハイブリッド型で行う企業が主流となるだろう。研修・採用の担当者に求められるスキルも変革期を迎えている。

働き方

高齢者雇用・活用

2021年4月、事業主に70歳までの就労確保努力義務が課された。労働力不足を補うため、また職場のスキル維持等のためにも健康な高齢者を生かすための工夫が求められている。

平均寿命の伸長に伴い法制度上、企業の定年時期は55歳から60歳（1985年に努力義務、1998年義務化）となり、2013年には65歳までの継続雇用が義務化され、2021年4月からは70歳までの就労確保努力義務が課された。近年、定年自体を60歳から65歳以上まで延長する企業も増加している（人事院調査、2015年10.4％→20年14.4％）。

このように働く意欲のある高齢者がその能力を十分発揮できる環境の整備は、人生100年時代を生き抜く高齢者の生活を豊かにし、その生きがいを高めるだけでなく、マクロ的にも国民所得の落ち込み回避や経済社会の活力を維持するためにも有用である。

他方で、定年延長に伴うコスト増と若年層のポスト不足に対応するため、55歳の役職定年制を採用した企業も規模の大きな先を中心に少なくない（2017年人事院調査、16.4％＜従業員500人以上30.7％＞）。

金融機関では、採用時期による人員多寡の調整、現場におけるスキルや教育レベル維持向上の観点、専門性の高い人材確保等の見地から、60歳以上の再雇用制度を導入する先が多く、中には既に70歳までの契約社員制度を導入したケースもある。健康状況等に応じた弾力的な働き方（勤務時間短縮オプション付与など）の工夫、成績優良者への報奨金支払いといった高齢者の勤務意欲を向上させる施策を積極的に取り入れる金融機関も増えてきた。

最低賃金

国が賃金の最低額を定め、使用者は、その額以上の賃金を労働者に支払わなければならないとする制度。地域別最低賃金と特定（産業別）最低賃金の2種類がある。

中央最低賃金審議会小委員会は、2021年度の最低賃金を全国加重平均で28円引き上げ平均時給930円に決めた。2002年度に時給で示す現在の方式となってから、過去最大3.1％の昇給率となる。最低賃金額より低い賃金の場合は、労働者の合意があっても無効となり、使用者が最低賃金未満の賃金しか支払っていない場合にはその差額を支払わなくてはならない。違反者には罰則があり、地域別最低賃金額違反の場合は50万円以下、特定（産業別）最低賃金額違反の場合は30万円以下の罰金が科せられる。

地域別最低賃金は、パートなど雇用形態・身分に関係なく、当該都道府県内の事業場で働く全ての労働者とその使用者に適用される。特定（産業別）最低賃金は、特定の産業の基幹的労働者とその使用者に適用される。

ただし、次に挙げる対象者の場合は、摘要が除外される場合がある。第一に18歳未満又は65歳以上の人、第二に雇い入れた後、一定期間未満の技能習得中の人、第三に当該産業に特有の軽易な業務に従事する人、などである。

さらに、次に該当する労働者は、雇用確保を優先するため、都道府県労働局長の許可を条件に、最低賃金の減額の特例が認められている。精神又は身体の障害で労働能力の低い人、試用期間中の人、認定職業訓練を受けている人で厚生労働省令で定める人、軽易な業務に従事する人、断続的労働に従事する人、である。

働き方

出生時育児休業制度

2022年秋、「育児・介護休業法」が改正され「出生時育児休業」が新設、施行されることになった。これにより、出産直後に男性が育児休業を柔軟に取れるよう制度化された。

2021年6月、「改正育児・介護休業法」の改正により新設された「出生時育児休業」は、現行の育児休業を強化したもので、男性が子どもの出生直後に4週間まで休業することができる制度である。取得可能な期間は、女性の産後休暇と同じ「出生後8週間以内」である。

主な改正ポイントは、2022年4月1日から「全ての事業主」に対して、妊娠・出産を申し出た労働者に対する個別の周知・意向確認（面談での制度説明、書面による制度の情報提供など）や、育児休業を使いやすい環境を整備すること（研修、相談窓口設置など）が義務付けられる。

併せて、2023年4月から、従業員数1,000人超の事業主のみ、男性の育児休業の取得率など、育児休業等の取得状況の公表が義務付けられる。

現行育児休業制度との違いは、「申請時期の短さ・取得可能回数の多さ・労使協定締結で休業中も就業可能」の3つ。さらに、出生時育児休業の取得中は、現行の育児休業と同じく、雇用保険から最大で休業前賃金の67％相当の「育児休業給付金」が支給される。

社会保険料免除や税金の負担減などがあるため、稼ぎ頭の男性でも収入面で過度に心配する必要がなくなった。

現状、男性の育児休業取得率は約7％（厚生労働省2019調査）と低い。事業主は職場の環境整備や育児休業の取得率公表が義務付けられるため、今後、積極的な生産性の向上が必要である。

働き方

ジョブ型人事制度

職務を明確にし、年齢等とは切離して職務の価値に応じて報酬を支払う人事制度。欧米企業で発達し、日本企業でもグローバル企業への脱皮を目指して導入する先がみられる。

ジョブ型人事制度とは、組織のポジションごとに職務内容を明確に定義したジョブディスクリプション（職務記述書）に基づき、その職責の重さに応じ処遇を図る人事制度で、年齢や社員の能力に応じた処遇を行うメンバーシップ型人事制度と対比される。

日本企業では、これまで終身雇用を前提にジョブローテーションを繰り返しながら会社に最適な人材を育成し、年功や能力向上に応じた処遇を図る後者が主流を占めてきた。

しかし近年、中途採用人材や特定分野に秀でた人材の処遇の難しさ、時短勤務やリモート勤務等多様な働き方の許容し難さ等の問題が出てきたほか、学生等の中でも自ら学んで得た専門知識を、入社時からすぐに生かしたいとの声が増加してきた。さらに、欧米企業が前者を主流とする中で、日本企業でも真にグローバル企業となるべく、移行を図る企業が増加。そうした企業では社員が自ら進んで外部研修を含めてスキルアップに努める必要が叫ばれている。

この制度には、①ポジションに見合った人材を獲得しやすい ②経営・事業への貢献と報酬をリンクさせやすい ③年齢や勤続年数に左右されない処遇が可能 ④専門性の強化に向いているというメリットがある半面、①上位職位へのアサインが硬直化しやすい ②組織変更の都度ジョブディスクリプションの見直しが必要、等のデメリットにも留意する必要がある。

働き方

心理的安全性

心理的安全性とは、チームや組織においてメンバーが自分の考えや行動を不安に感じることなく共有できる状態を指す。組織行動学の研究者エドモンドソンにより提唱された概念。

1999年にハーバード・ビジネススクールの教授であったエイミー・エドモンドソンは、心理的安全性を「対人関係のリスクを負うことに対して安全だという信念がチーム内で共有されている」状態であると定義した。すなわち、チーム内のメンバーがお互いの信頼関係に基づいて「このチームでは自分の発言が否定されたり、罰せられたりすることがない」、「支援を求めたりミスを認めたりしても制裁を受けることがない」と信じている状態である。

心理的安全性がとりわけ人事領域において近年のトレンドとなった契機は、グーグル社による労働改革プロジェクトである「プロジェクト・アリストテレス」においてこの概念が重要視されたことによる。このプロジェクトは生産性の高い、効果的なチームの条件を定義することを目的としたものであり、調査の結果、生産性の高いチームの共通する要素として、心理的安全性が見出せることが明らかとなった。

心理的安全性を組織改革の起点とする動きは金融機関においても見受けられる。**金融庁**は心理的安全性を確保したうえで職員間の対話を行う「1on1ミーティング」を開始した。また、金融機関との対話においても心理的安全性を重視することを決定するなど、自由な発言に基づく建設的な議論から、アイデアの創出や課題の早期発見を目指す試みを行っている。

働き方

スプリットオペレーション

新型コロナウイルスによる職員の同時感染を回避し、職場全員が一斉に休業を余儀なくされることが無いように、業務を2つ以上のチームに分けてオペレーションする方法のこと。

スプリットオペレーションの目的は、メンバー全員の同時感染の回避と、通常業務の全面停止の回避にある。

普段から異なった場所で同種の業務を複数チームで処理する体制を構築しておき、どちらか一方のチームが被災・罹患した場合に、残りの場所で、残りのチームがそのまま業務を継続して処理する「デュアルオペレーション」を可能とすること。さらに、普段から交代勤務で2〜3チームに分けて、1チームのみが業務を遂行する方法の「交代勤務パターン」などがある。スプリットオペレーションの実施には、初監、再監、承認者などの役割を踏まえた要員の任命、業務の流れに必要な場所の確保、必要機器と執務スペースの複数セットの確保、さらに各チームの執務スペースの物理的隔離などの対応が実務的に求められる。

重要な要件は、複数要員の確保と執務スペースの物理的距離の確保である。現場では、徹底して、職員や顧客の安全・安心を確保すること。既存の業務を、非対面化・非接触化・自動化・無人化・ペーパーレス化・ハンコレス化していくことが求められる。

具体的には、セキュアにテレワークができる環境を広く整備すること、営業活動を非対面でも行えるようにすること、バンキングのオンライン化を進めること、ペーパレス化やハンコレス化により「接触」の機会を減らすこと、といった点が求められる。

脱ノルマ

金融商品販売の数値目標を組織的に強制し、個人に達成責任を負わせる「ノルマ」を排除し、定性評価を中心とした顧客本位の営業活動の実現を目指す一連の経営改革を言う。

金融機関の「ノルマ営業」による不祥事が社会問題となったのが、2018年のシェアハウス「かぼちゃの馬車」オーナーらの民事訴訟にさかのぼる。この融資ではスルガ銀行の行員が融資実績を上げるため改ざんを指示し、組織的な不正が横行した。他に、ゆうちょ銀行の直営店、約230店の9割で1万9,591件の不適切販売が確認された。重要なことは、これらの不適切行為が、個人の出来心や偶然の行動ではなく、意図的、計画的、組織的な点である。この違法な営業の原因が、まさしく銀行の「ノルマ」にあると指摘された。

本来、ノルマとは「平均、標準」「行動規範、模範」を意味する「経営上の最低限の必達目標」であり、そこには個人レベルの数字管理も組織的な強制も存在しないはずであった。ところが、2019年3月期決算で地域銀行78行中54行が減益か赤字、2020年3月期決算では61銀行が貸倒引当金を積み増し、8行が赤字、2021年でも99行中50行が赤字か減益となり、銀行の営業のあり方を激変させた。

日本経済新聞社が2021年、独自に実施したストレステストでは、2022年だけでなく、2023年3月期にも地銀、第二地銀98行のうち約2割が最終赤字になるとの結果がでた。

日本銀行が想定する「感染症再拡大シナリオ」仮説により、地銀の収益力や財務力のストレステストを試算したところ、景気がうまく安定軌道にのれば赤字に転落する地銀

は限られるが、それでも銀行の収益力の低迷は変わらず続くと予想されている。

確かに、実質無利子・無担保融資といった政府の支援策で倒産件数は減少している。

さらに、時限立法として、経費削減や収益力向上、中には合併や他行の連結子会社化といった厳しい条件があるものの、日銀が8割の銀行に当座の金利上乗せの支援をすることになった。

ただ、人口減少や低金利といった経営環境が好転したわけではない。規制緩和と金融自由化による競争激化、フィンテック対応の遅れによる生産性低下と機会損失、マイナス金利による逆ざやと与信機能の不全、人材不足と人員不足。そして、現場の士気低下など、金融機関は現在8重苦の中にある。

ノルマ営業の弊害は、現実的には多発する不祥事やコンプライアンス違反だが、本質的には金融機関の信用喪失で

あり、金融ビジネスモデルそのものの崩壊を意味している。

新型コロナウイルスが世界中で拡大する中、ノルマ営業に代わる新たな営業活動として「都心中心型」から「多極型」営業へ、「対面営業&紙重視」から「リモート営業&データ活用」の営業への転換が求められている。

さらに、顧客往訪の自粛から、営業担当者を「フィールドセールス」（社外業務）と「インサイドセールス」（社内業務）とに分け、対面の「フィールドセールス」は提案書作成や契約締結に特化して、非対面の「インサイドセールス」は、案件の発掘・醸成や契約締結後の顧客対応等にあたるという役割分担が主流になりつつある。

「リレーションシップバンキング実現のためのスペシャリスト人材育成、ICT人材育成」を本格的に稼働させ、取引先の安定経営を支えるべく営業機会を与えるべき時が来ていると言える。

働き方

217

テレワーク

情報通信技術を活用し、場所や時間にとらわれずに勤務する働き方の事。我が国においても急速に浸透したが、現在はオフィスとテレワークの併用が一般的な形になりつつある。

「tele（離れたところ）」と「work（働く）」を組み合わせた造語で、情報通信技術を活用し、場所や時間にとらわれることなく日々の業務を行う働き方の事である。テレワークには働く場所によって「自宅利用型テレワーク（在宅勤務）」「モバイルワーク（外出先や移動中などに行う勤務）」「施設利用型テレワーク（サテライトオフィス勤務など）」の3つに分類することができる。テレワークの導入は企業と従業員の双方にメリットがある。企業側には、経営改革や生産性向上、事業継続性の確保（BCP対策）等、従業員側には、ライフワークバランスの実現や削減した通勤時間の有効活用等である。また社会にとっても、雇用創出、環境負荷の軽減などのメリットがある。

コロナ禍の影響により、多くの企業でテレワーク導入が急速に進んだ。現在は、オフィスとテレワークを必要に応じて使い分ける形が一般的になってきている。テレワークの導入が進んだことで、労働時間の減少や生産効率の向上等、一定の効果は認められるものの、社内外含むコミュニケーション等の面で課題も出ている。

金融機関においても、間接部門を中心に引き続きテレワークの推進を行っている。加えて、取引先のテレワーク導入支援も求められよう。小規模な取引先では、IT対応に不慣れな場合も多く、金融機関が支援する意義は大きい。

働き方

ハラスメントの防止

ハラスメントとは、他者に対する発言・行動が本人の意図に関わりなく相手の尊厳を傷つけるとか、相手に不快感、脅威、不利益を与えることで、その防止は職場管理の要諦の1つ。

ハラスメントには、パワーハラスメント（職場内の優位性を背景に、業務の適正な範囲を超えて、精神的・身体的苦痛を与える、または職場環境を悪化させる行為）、セクシャルハラスメント（相手が不快ないし尊厳を傷つけられたと感じるような性的発言・行動）、マタニティーハラスメント（妊娠・出産を契機とした嫌がらせやそれを理由とした解雇等）等多くの種類がある。

性に関する固定観念や差別意識に基づく言動、酔った上での迷惑な言動のほか、飲酒の強要や喫煙者による非喫煙者への迷惑行為等もハラスメントと言われることがある。

特に本人には別の意図があったとしても、相手方が不快に思えばハラスメントは成立し得る上、近年年齢、性別、宗教、国籍等による価値観の相違が大きくなり、かつSNS等による拡散リスクが増大している中で、働きやすい魅力的な職場作りの観点だけでなく、企業のレピュテーション維持の観点からも、職場管理上重視すべき事項である。

特にパワハラについては、労働施策総合推進法の改正により2020年6月1日から、事業主にパワハラ防止義務が課された（中小企業は2022年4月1日から）。事業主には、①パワハラ防止方針等の明確化とその周知・啓発 ②相談に応じ適切に対応する体制整備 ③事後の迅速かつ適切な対応 ④プライバシーの保護や相談したことによる不利益な取り扱いの禁止が義務付けられた。

働き方

副業・兼業

本業以外の仕事に従事すること。一般的には、兼業は「複数の仕事に従事すること（自営業も含む）」、副業は「複数従事している仕事のうち、本業以外の仕事」とされる。

副業・兼業を希望する者は年々増加傾向にあり、多くの企業・組織で副業が解禁されてきている。

その形態は、アルバイト、会社役員、起業による自営業主等様々である。これまで多くの企業は、自社での業務がおろそかになること、情報漏えいのリスクがあること、競業・利益相反を理由に副業・兼業を認めていなかった。しかし、副業・兼業は、個人にとって、収入の確保、やりがい、スキルアップの機会であり、企業にとっても、労働者が社内では得られない知識・スキルを獲得したり、新たな知識・情報や人脈を入手できるメリットがある。厚生労働省は2018年にモデル規則を改訂し、「労働者は、勤務時間外において、他の会社等の業務に従事することができる」とした上で事前の届け出を義務付け、禁止・制限が必要なケースを明示する形に変更した。

コロナ禍で在宅勤務が進む中、副業・兼業という労働形態はさらに進むとみられる。複数の仕事を通算した労働時間が過重労働にならないよう健康管理を徹底することが重要。労災保険給付のあり方についても検討が求められる。

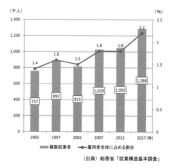

<副業者数の変化>

（出典）総務省「就業構造基本調査」

働き方

リカレント教育

リカレント教育とは「社会人、職業人としての学習を継続すること」を指す。学習内容を、特に将来のキャリア設計や職業人としての専門性を高めることに特化している。

高齢化が進み、「人生100年時代」と言われるようになった。現役時代の長期化、転職市場の活性化、退職後の起業など、「人生マルチステージ時代」に突入した。

いわゆる「学び直し」とも言われるが、人生の豊かさを求める「生涯学習」とは異なり、現代に求められる知識・スキルにアップデートする社会人の再学習を指す。さらに、2020年初頭からのコロナ禍により、廃業・休業によるリストラが多発、特に非正規の従業員の失業が増加している。一方、在宅勤務する社会人も増えたことで、キャリアの再設計を指向する社会人も増加し、大学や大学院に再入学する社会人が急増している。

厚生労働省と文部科学省は協力して、キャリア相談や学習費用の支援などに取り組んでおり、「マナパス」（文科省社会人用ポータルサイト）で、大学・専門学校等の講座、費用支援や職種別特集ページなどを紹介している。

欧米では、昔からワークライフバランスを重視しつつ、国・企業が社会人の学び直しを積極的に後押ししているが、日本では社会人の再学習はまだまだ低水準にある。会社を休んでの学び直しが「新しい能力の獲得」ではなく「キャリアのブランク」と見なされるためである。

働き方改革などとあわせて、就労と教育を繰り返して個人の能力開発を進め、可能な限り長く働いてもらうことが、必要不可欠と言える。

働き方

ワーケーション

ワーケーションとは「ワーク」（労働）と「バケーション」（休暇）を組み合わせた造語「workcation」で、労働と休暇を同時に両立させる働き方・過ごし方を指す。

ワーケーションは、観光地やリゾート地で**テレワーク**を活用することから、一般的には在宅勤務やレンタルオフィスでのテレワークとは区別される。重要な点は、働き方改革、ワークライフバランスの一連の流れと、2020年からのコロナ禍に伴う「新しい日常」の一環と併せた働き方と考えられていることである。

背景にあるのは、急速に拡大したノートパソコンやインターネットとモバイルブロードバンドである。当初は、2000年代にワーク・エンゲージメントが高いアメリカで普及し、日本でもリゾート地の保養施設の拡大や、ICT企業のように出社が必ずしも必要でない業態において、サテライト・オフィスとして活用されるようになったことで拡大した。

これまで全く普及しなかったモバイル勤務が、新型コロナウイルスのまん延防止対策を受けて、企業側が積極的に在宅勤務を推進した頃から、従業員側にもワーケーションに対する認識が深まった。

メリットは、通勤ラッシュからの解放や豊かな自然環境の落ち着いた環境で働くことで創造性や生産性が高まり、有給休暇の取得率も高まったこと。デメリットは、個々人の勤務時間の認定が難しいこと、捺印などの決裁事務、人事考課などの勤怠管理、会社が管理できない所で生じる労災認定などが、新たな課題として指摘されている。また、リゾート地での勤務はまだ社会的な承認を得にくい点も課題である。

働き方

FIRE

FIREは「Financial Independence、Retire Early」の略語で、「経済的独立を果たし、早期リタイアを目指す」という考え方。近年若い世代を中心に関心が高まっている。

近年、欧米を中心に注目されている新しい生活スタイルである。働くことから解放され、自分の好きな場所に住み、好きなことができる自由を手に入れたいという考え方がベースにある。日本でもコロナ禍の影響で働き方の概念が変わりつつあり、若い世代を中心に関心が高まっている。

FIREの「経済的自立」とは、贅沢に暮らせるような大金持ちになることではなく、「資産運用によって得られる収入（不労所得）で日々の生活費を賄っていく状態」を指す。リタイアまでに蓄えた資産を「取り崩すことなく」生活するという考えは、資産取り崩しを前提とした従来のリタイア生活とは異なる。

FIREの是非で議論になるのが、資産を「取り崩すことなく」生活できる資産額についてである。FIRE実現のセオリーの1つに「4%ルール」がある。「年間支出の25倍の資産があれば、年利4%の運用益で生活費を賄える」という考え方である。例えば、年間生活費が300万円の場合、7,500万円（300万円×25倍）の資産があれば、年利4%で年間生活費300万円が賄える計算になる。もっとも、資産価格は大きく変動するため、年利4%の運用収益が得られる保証はない。

そのほか、ハイパーインフレなど予想外の経済変動、病気や事故などの思わぬ出費、人とのつながりが減ることの心的影響など、FIREの実現には様々なリスクを考慮する必要がある。

働き方

VII 金融行政・政策

日本銀行が継続する異次元の金融緩和は9年目を
迎える。金融正常化への道筋には不透明感が残る
（写真は黒田東彦・日銀総裁）

地方創生に関心がある公務員と金融機関行職員の交流会
「ちいきん会」。地域ダイアログによる課題解決への取
り組みが広がっている（写真は「ちいきん会」の様子）

異次元緩和と金融正常化

日本銀行が、国債などの買い入れ額を拡大する金融緩和。デフレ心理の払しょく、2%のインフレ目標達成を目指す政策。しかし、目標は達成できずに9年目を迎える。

2013年4月、日本銀行の黒田東彦総裁は着任早々、2年をめどにインフレ率2%を実現するために量的・質的金融緩和（QQE）政策を採用した。QQEの内容は、①市場調節の操作対象を金利からマネタリーベース（MB）に切り換え、年60兆〜70兆円で増加させる ②買い入れる長期国債の平均残存年限を3年から7年に延長し、保有残高を2年で2倍相当に増加させる ③ETF（上場投資信託）などの保有額も2年で2倍に増加させる——というもの。デフレマインドを一掃するような大胆な緩和策とされ、アベノミクスの第一の矢とされた。

2014年10月には、原油価格下落や消費増税による消費の反動減を踏まえ、MBの増加ペースの拡大、買い入れ国債の残存年限の拡大を行った。しかし、導入から2年の2015年4月に目標は全く実現できず、達成時期を延期し、目標実現を目指すことになった。

2016年1月、原油価格の一層の下落、世界経済の先行き不透明感などを背景に、「マイナス金利付き量的・質的金融緩和」を導入した。民間の金融機関が日銀に預ける日銀の当座預金の一部にマイナス金利を適用するだけでなく、さらなるMBの増加ペースの拡大、買い入れ国債の残存年限の拡大を行った。

半年後の2016年9月には、異次元緩和の総括的検証や経済情勢を踏まえ、長短金利の操作を行いつつMBの拡大方針を継続する「長短金利操作付

金融行政・政策

き量的・質的金融緩和」を導入した。

その中では、消費者物価指数（除く生鮮食品）の前年比が2％を安定的に十分に超えるまでMBの拡大継続を約束するオーバーシュート型コミットメントが導入された。

2018年3月の総裁再任後は、緩和長期化を意識した政策変更等が続いている。例えば、同年4月に発表された展望レポートからは、物価目標達成時期の記述が外された。7月には、実務的な限界も考慮して長期国債の購入ペースを落とせるような量から金利への政策の修正（長期金利目標柔軟化、政策金利のフォワードガイダンス導入等）が実施された。

2019年4月には海外の経済動向や消費増税の影響を考慮した緩和姿勢が明確化された。さらに、10月には（緩和自体は見送られたものの）将来的な利下げの可能性が明記された。

2020年3〜5月の金融政策決定会合では、新型コロナ対策として、一層の大規模緩和と資産購入規模拡大のスタンスを明確にした。この中には、政府の緊急経済対策に基づく企業の資金繰り支援と連動する仕組み（資金繰り支援特別プログラム）も含まれる。

2021年3月の会合では、債券市場の市場機能の低下や金融機関の収益力低下といった大規模緩和の副作用への緩和策（ETF買い入れの抑制、**イールドカーブ・コントロール**の修正（長期金利変動幅拡大や指し値オペ強化）、貸出促進付利制度）が打ち出された。

2021年10月現在、日銀の資産は約725兆円に達し、国債、ETFのみならず、社債、CP市場でも引き続き存在感を示している。欧米の金融政策が正常化に進む中で、市場では日銀のEXIT（＝政策の平常化）への道は不透明であり、EXITは2023年4月の黒田体制後になると見込まれている。

イールドカーブ・コントロール(YCC)

日本銀行の長短金利操作付き量的・質的金融緩和のうち、短期金利をマイナス化させ、長期金利（10年物国債金利）をマイナス化させないための金融政策。

日本銀行は5年前の2016年9月に長短金利操作付き量的・質的金融緩和を導入した。その中核をなすイールドカーブ（利回り曲線）・コントロール（YCC）は、短期だけでなく、長期金利も日銀が制御する。すなわち、短期金利はマイナス0.1％程度、10年物国債利回りは0％程度となるように国債買い入れを行う。その後、2018年7月に政策を変更。10年物金利の上下0.2％程度の変動を認める弾力化を行い、市場の流動性に配慮した。

YCC導入以前、日銀は再三、「長期金利は制御できない」と主張しており、見解を大きく転換した。大胆な非伝統的金融政策の結果として実現した45％程度という国債市場における日銀の市場シェア、日銀と市場のコミュニケーションの改善が制御を可能とした。

YCCの巧みさは、直接的にイールドカーブを押し下げる指し値オペも具備しているところにある。金利上昇局面では、利回りを日銀が指定して国債を無制限に買い入れるオペを行う。プライシングのシグナルを日銀が直接的に市場に伝えることで、市場をクールダウンさせられる。

2021年3月の金融政策決定会合では、長期金利の金利変動幅を上下0.25％程度にひろげ、市場機能を確保しやすくした。また、連続指し値オペ制度の導入により、金利上昇時に、特定の年限の国債を固定金利で無制限で買い入れる指し値オペを連続して行えるようになった。

金融行政・政策

オン・オフ一体型モニタリング

金融当局では、オンサイトとオフサイト、手法の異なるモニタリングを一体的に運営し、金融機関の経営の実態をより実効的に把握することが志向されている。

金融当局による金融機関に対するモニタリングには、オンサイトモニタリングとオフサイトモニタリングの2通りの方法がある。

オンサイトモニタリングでは、金融機関の経営の実態を把握するため、実際に立ち入りを行う。対面でのモニタリングとなることから対象金融機関の詳細を把握できる一方で、モニタリングを実施する当局、モニタリングを受ける金融機関のいずれにとっても事務負担が大きい。また、1つの金融機関を常時継続してオンサイトでモニタリングすることはできず、時期を定めて期間的な実施とならざるを得ない。

これに対して、オフサイトモニタリングでは、金融機関への直接の立ち入りは行わず、金融機関から提出された資料の分析やヒアリング調査を行う。そのため、広範なテーマにわたって、比較的迅速に経営の実態を把握することが可能である。複数の金融機関に対して同時に並行してモニタリングを実施することも可能である。

オンサイトモニタリングとオフサイトモニタリングにはそれぞれ長所と短所がある。その特長を生かして、両者を連携して実施することでモニタリングの実効性を高めることが期待できる。我が国の金融当局においても、オンサイトモニタリングとオフサイトモニタリングを一体的に運営することにより、深度ある実態把握が志向されている。

合併転換法改正

合併転換法改正とは、「金融機関の合併および転換に関する法律」改正を指す。業態を越える銀行再編を促すことで銀行産業の経営安定を後押しすることを目的としている。

我が国では1968年6月に「金融機関の合併および転換に関する法律」が施行されている。この法律は、業態を越える合併や、異なる業態へ転換する手続きや規則を定める法律であった。1968年当時の日本では、都市銀行、地方銀行、相互銀行、信託銀行、長期信用銀行、信用金庫、信用組合、協同組織金融機関などの業態が存在した。高度経済成長期の日本では、借り手企業の資金需要が高まる過程で、金融機関の業態転換に関わる規則を定めることで、この産業の秩序維持を目指していた。

この法律が2021年3月1日より改正された理由は、今後、業態を越える金融機関再編を促すことで、地域金融機関の合従連衡を後押しし、銀行産業の競争力を再び醸成することが目的とされている。1968年から2021年までの間に時代は変わり、人口減少下の日本では、製造業社やサービス業社などの資金需要は長期的な低迷が続いている。この状況は地方都市ではさらに顕著であるため、地方銀行、第二地方銀行が、信用金庫や信用組合の主取引先である中小零細企業や個人との取引を推進する等の状況が続いている。

これまでの金融機関再編では、都市銀行同士、地方銀行同士といったように、同一業態内での買収合併が大半であったが、本法の改正により、業態を越える再編が進むことで、日本の金融機関の経営安全性を強化することが目指されている。

金融行政・政策

気候変動対応オペ

> 日本銀行が、気候変動対応を支援するために、2021年末から実施する資金供給制度。民間金融機関の気候変動対応投融資を長期にバックファイナンスするものとなっている。

日本銀行は、民間における気候変動への対応を支援していくことが長い目でみたマクロ経済の安定に資すると考え、2021年6月の金融政策決定会合で、金融機関が取り組む気候変動対応投融資をバックファイナンスする新たな資金供給の仕組みを導入する、と公表した。初回オペは、2021年12月を予定している。オペは原則年2回実施される。

貸付利率は0%。また、貸出促進付利制度上のカテゴリーⅢ（0％付利）及び補完当座預金制度上の「マクロ加算2倍措置」が適用される（いずれもマイナス金利の影響を受けにくくする措置）。

貸付期間は、原則1年であるが、繰り返し利用することにより、長期の資金調達を可能としている（実施期間は2030年度までであることから、最長で10年近くなる）。

貸付対象先は、気候変動対応に資するための取り組みについて、**TCFD（気候関連財務情報開示タスクフォース）**が提言する4項目（ガバナンス、戦略、リスク管理、指標と目標）及び投融資の目標・実績を開示する金融機関としている。また、対象となる気候変動対応に資する投融資は、**グリーンボンド・ローン**等になるが、どういったものがあたるかは貸付対象先の判断に任せるとともに、判断の基準については、国際原則・政府の指針を基準として用いた場合でも、独自の基準を定めている場合でも、それを開示することを求めている。

金融行政・政策

金融機能強化法

資本増強が必要な金融機関に公的資金を注入し、金融仲介機能を維持するための法律。経営危機に陥る前でも国が予防的に資本参加できる特徴がある。

金融機能強化法はペイオフの全面解禁（2005年4月）を翌年に控えた2004年8月に施行された。銀行救済のための公的資金注入を定めた他の法律と異なり、債務超過に陥っていない金融機関にも公的資金を注入できる。

期限が来れば失効する時限立法だが、経済危機や大災害のたびに延長が繰り返されている。**金融庁**は2008年のリーマン・ショックを受けて同法を復活させ、2011年の東日本大震災、2016年の英国による欧州連合離脱決定を機に延長された。2020年の新型コロナウイルス感染拡大を受けて4年延長が決まり、申請期限は2026年3月末になった。

新型コロナ対策の延長は金融システムの安定に万全を期すことが狙いだ。申請する金融機関には①経営陣の責任を問わない ②収益性などの数値目標を課さない ③優先株に加えて普通株や劣後債による注入を可能にし、配当率も引き下げるという特例を設けた。返済は「おおむね15年以内」としていたが、期限を区切らない仕組みにした。ただ、返済可能性は金融庁が確認する。預金保険機構が資金調達する際の政府保証枠も12兆円から15兆円に拡大された。

一方、一部の注入行で返済のメドがついていない課題もある。2024年に優先株を普通株に強制転換する期限を迎える地域銀行が多い。返済ができない場合は公的資金の借り換えや他行と資本提携、経営統合につながる可能性もある。

金融行政・政策

金融仲介機能のベンチマーク

地域金融機関が自らの金融仲介の取り組みを自己評価する客観的な指標（ベンチマーク）。金融庁はその改善状況を点検し、地域銀行などとの対話にも活用している。

2016年9月に公表された「金融仲介機能のベンチマーク」は55項目で構成される。

最初の5項目は金融機関が地域経済や地元企業を支える上で重要な取り組みを抽出した共通項目で、①メイン取引先のうち、経営指標の改善や就業者数の増加が見られた取引先数 ②1年間に関与した創業、第二創業の件数 ③**事業性評価**に基づく与信先数——などがある。残る50項目は各金融機関が事業戦略やビジネスモデルに応じて選ぶ選択項目になる。**金融庁**は毎年度末の実績から算出した指標の提出を求め、金融機関との対話ツールとして使う。

金融庁が狙うのは継続的な算出による自己点検の効果だ。一部の地域銀行は経営戦略やビジネスモデルと関連付け、実績が低調な場合には要因を分析し方針を見直すツールとして活用している。金融庁幹部は「ベンチマークは現場力を反映するモノサシであり、営業の最前線がどれだけ企業に付加価値を提供できるかが重要になる」と強調する。一方、数値の算出にとどまり、金融仲介機能の改善につなげられていない例も残る。

実績の公表を通じた取り組みの「見える化」も目指す。金融庁は銀行の仲介機能を比較できる共通KPIを策定。2019年9月時点から**事業承継**時に新旧経営者から個人保証を求める「二重徴求」の割合を開示するよう求め、2020年10月には全行のデータをまとめた一覧表の公表を始めた。

金融包摂

全ての人々が基本的な金融サービスにアクセスでき、またそれを利用できる状況をいう。G20では、2000年代から最重要政策課題の1つと認識され、積極的な取り組みが行われている。

人々に経済的、社会的、文化的な生活に参加する機会や資源を与えることを「社会包摂」と言う。社会包摂の中で金融サービスに焦点を当て、基本的な金融サービスにアクセスでき、それを利用できる状況を「金融包摂」（Financial Inclusion）と言う。

一方、金融サービスにアクセスできない状態を「金融排除」と言い、2016事務年度金融行政方針で「日本型金融排除」が重要論点としてとりあげられ、企業価値の向上等の実現に向けた金融機関の取り組みが期待されている。

金融サービスにアクセスできない成人は、世界中で生産年齢人口の31％に上る。貧困問題の解決には金融サービスへのアクセスが重要であると

の認識が高まっている。2009年9月のG20（主要20カ国・地域）ピッツバーグ・サミットでは「金融包摂」を首脳声明で初めてとりあげ、2010年11月のG20ソウル・サミットでは、金融包摂グローバル・パートナーシップを立ち上げたほか、7項目からなる「G20金融包摂行動計画」を採択。

近年、フィンテックを活用した金融サービスのイノベーションが活発化し、既存の金融インフラを必要としない金融サービスの低コスト化により金融包摂が促進されている。

また、SDGsには、金融包摂に関連する内容を含むターゲット及びその達成状況を管理するために銀行口座の開設率やモバイルマネーの利用率などの指標が掲げられている。

経営デザインシート

内閣府知的財産戦略本部の価値評価タスクフォースが策定した、知的財産を企業価値創造メカニズムに組み込んで経営をデザインするためのツール。経営幹部が自ら記入する。

1. 狙い

内閣府の知的財産戦略推進事務局の「知財のビジネス価値評価検討タスクフォース」が、2018年5月に発表した企業のビジネスモデル変革のためのツールである。

以前は良質な商品を作るだけで業績を上げられたが、市場が多様化し変化が激しくなった現在では顧客ニーズを的確に捉えねばならず、そのためには無形資産・知的財産の重要性が高まる。

しかし、いくら貴重な知的財産を保有していても、それが企業のビジネスモデルと結び付いていなければ意味が無い。そこで知的財産とリンクしたビジネスモデルを構築するためのシートを政府が提供し、企業に活用してもらおうとする試みである。

2. 形態・特徴

シートは、A3版1枚で、上下左右に分かれる。上に現状の企業理念、事業コンセプトなどを書き、下に目標とするビジネスモデルに移行するための戦略や必要な資源を書き込む。左側に現在の事業概要、価値創造メカニズム（顧客への提供価値、ビジネスモデル、利用する経営資源）などを書き、右側に5〜15年後の価値創造メカニズムと中心的なビジネスモデルを書き込む。

シートは、企業全体版と各事業版に分かれ、複数事業を展開する企業にも単独事業を営む企業にも対応できる。

なお、本シート上の知的財産は、特許や商標に限らず広い範囲を想定する。

経済価値ベースのソルベンシー規制

通常の予測を超えるリスクに対する保険会社の「支払い余力」（ソルベンシー・マージン）に関する規制に経済価値ベースの評価（時価評価）を取り入れたもの。

現行のソルベンシー・マージン比率（1996年導入）は、割引率、保険事故発生率等を契約時点において固定した負債評価に基づく会計上のバランスシートを前提としている。このため、金利や事故発生率等の変動に伴うリスクに十分に対応できていない。

我が国の保険会社の内部管理においては、これまで経済価値ベースの考え方を取り入れる動きが進んできた。また、**金融庁**でも、2010年以降、経済価値ベースの評価・監督手法に関するフィールドテストが数回にわたって実施されてきた。

国際的には、2019年11月、保険監督者国際機構（IAIS）で採択された国際資本基準（ICS Ver2.0）が、5年間のモニタリングによる検証を経て最終化され、国際的に活動する保険グループに対する規制資本として適用されることとなっている。

今後、2025年の国内での同規制導入に向けて準備が進められていくことになる。

経済価値ベースのソルベンシー規制の経緯と今後の予定	
1996年4月	保険業法改正時にソルベンシー・マージン比率を導入
2007年4月	「ソルベンシー・マージン比率の算出基準等に関する検討チーム」が経済価値ベースのソルベンシー評価への移行を提言
2010年6月	経済価値ベースのフィールドテスト（第1回）を実施
2019年11月	IAIS総会でICS Ver2.0が採択
2022年ごろ	制度の基本的な内容を暫定的に決定
2024年春ごろ	基準の最終化
2025年4月	施行（2026年3月期決算より新規制に移行）

国際金融都市構想

東京都をロンドンやニューヨークに匹敵する国際金融都市へ発展させる都市政策。アジアにおける国際金融市場の盟主の座を取り戻すべく、多岐にわたる政策が進行している。

東京都の国際金融都市構想は、実現段階へ向けた計画が進行している。この構想のひとつの特徴は、多様な施策による都市基盤の強化を目指している点にある。すでに多くの計画が実施段階へ移行し、東京オリンピック・パラリンピック後の新たな「東京都」の姿が具現化しつつある。

東京都の国際金融都市構想が、これまで頓挫を繰り返してきた諸外国の構想と異なるのは、ビジネス・生活環境、市場プレーヤーの育成、金融による社会的課題解決など、単に市場整備にとどまらないハード・ソフト面でのインフラ整備を網羅している点だ。

ビジネス・生活環境の整備では、外資系企業の誘致を目指し、都心住宅地の容積率を

緩和、外国人向け住宅の建設やインターナショナルスクールの併設を後押ししている。金融専門教育では、東京都立大学経営学プログラムの金融専門家向け大学院教育が、強化されている。日本社会が歴史的に苦手としてきた起業への支援策も強化し、人材を国内外から誘致する予定である。

2020年6月30日に、中国全国人民代表大会において国家安全維持法が可決し、香港のアジアの国際金融センターとしての将来が危惧されている。このため、多くの外資系企業が、アジア拠点を再び東京都へ移転することに関心を寄せている。20年前に比べ東京都の財政健全化が進んでいることも、この政策構想実現を後押ししている。

サブリース業規制

賃貸住宅の安定的な確保を図るため、サブリース業者による勧誘・契約締結行為の適正化と賃貸住宅管理業の登録制度の創設により、不適切な業者を排除するための規制。

　賃貸住宅の管理は、自ら管理を実施する所有者が中心だったが、所有者の高齢化、相続に伴う兼業化の進展などにより、管理業者に管理を委託する所有者が増加した。管理業者が賃貸住宅を一括で借り上げ、入居者にまた貸しするサブリースも増加している。

　所有者にとってサブリースは、管理業者から賃料収入が得られるのに加え、管理の手間がかからないメリットがある。一方、将来の賃料変更、契約期間中の管理業者側からの解約などのリスクが存在する。国土交通省調査（2019年）では、契約の重要事項について説明を受けた所有者は6割程度に留まり、管理業者との間でトラブルが発生したと回答した所有者は約45％に上った。管理業者が破綻して、所有者が被害を受ける事例も見られる。

　このような背景から「賃貸住宅の管理業務等の適正化に関する法律」(サブリース新法)が2021年6月に全面施行された。サブリース業者やサブリース業者と組んで賃貸住宅経営の勧誘を行う勧誘者が、所有者へ不当に勧誘することを禁止し、契約締結前に書面での説明を義務付ける。違反者には業務停止命令や罰金などが課される。また、不良業者を排除し業界の健全な発展を図るため、任意だった業者登録制度を改め、管理戸数が200戸以上の業者を対象に登録を義務付ける。政府は、新法により2029年度までにトラブル発生の割合を15％まで引き下げる目標を掲げている。

資金交付制度

金融機関が経営統合する際、システム統合等の経費の一部を政府が負担する制度。2026年3月末を申請期限として費用総額の3分の1、30億円が上限として支援可能となる。

2021年7月に改正**金融機能強化法**が施行され、資金交付制度が導入されている。この資金交付制度は、地方銀行や信用金庫、信用組合等の地域金融機関が経営統合する際、2つの金融機関のシステム統合等の経費の一部を政府が負担する制度である。2026年3月末までに申請すれば、費用総額の3分の1程度、30億円を上限として、支援が可能となる。資金総額は350億円が想定されている。

改正金融機能強化法は、菅義偉前政権が地域金融機関の再編を後押しするため、法改正を国会で可決させた経緯がある。これまで、地域金融機関の再編により、地方都市での金融インフラの強化が地域社会から求められてきたが、システム統合などの大規模経費の負担が困難であることから見送られてきたケースが存在した。こうした障害を除去するため、政府が一部を負担することで、金融機関再編と金融インフラの安定、強化を目指すことがこの法改正の目的である。

金融庁は、2021年9月30日に福邦銀行（福井県）に対する資金交付制度の適用を発表している。今後も地域金融機関の経営統合を前提とする同制度の適用申請が続けば、菅政権が残した金融機関機能強化策は、その政策効果を岸田文雄政権下でもたらすことになる。他方、この制度は金融機関の経営そのものを改善し、収益力を高める制度ではないことに留意する必要がある。

金融行政・政策

239

早期警戒制度

金融庁が金融機関の健全性を確保するための手法の1つ。自己資本比率が最低基準を下回った銀行に発動される早期是正措置に対し、その手前で継続的な経営改善を促す枠組み。

金融庁が金融機関の健全性を確保する枠組みには「早期是正措置」と「早期警戒制度」がある。前者は自己資本比率の最低基準を対象にするのに対し、後者は同比率には表れにくい収益性や流動性などの観点から銀行経営の悪化を捉える特徴がある。早期警戒制度は2002年に導入され、警戒水域に入った場合には必要に応じて報告も求める。

典型例が「銀行勘定の金利リスク」に対する監督手法。銀行は金利が急変動した場合を想定し、預金・貸し出し業務や長期保有する有価証券の影響を試算し報告する。国際基準行は「Tier1資本の15％」に抑える必要があり、国内基準行は「コア資本の20%以内」が求められる。ただ、基準に抵触しても、すぐに**業務改善命令**を出す訳ではない。まずは原因や課題を金融機関と共有し、収益力や自己資本とのバランスも勘案した上で、改善方法を協議する。

これまでは特定分野に限ることが多い手法だったが、2019年6月に地域金融機関向け監督指針を改正し、早期の経営改善を促せる制度に見直した。着目するのは、地域銀行の将来収益。投資信託の解約損益を除いたコア業務純益が数年後に一定の水準を下回る場合、銀行の経営戦略に沿って収益や自己資本の水準を総合的に点検する。検証後も5年以内にコア業純が継続的な赤字に陥る見通しの銀行には検査に乗り出し、必要に応じて業務改善命令を出す。

ちいきん会、地域ダイアログ

ちいきん会、地域ダイアログはそれぞれ、地域の課題解決を支援するための官公庁・金融機関・民間企業のネットワーク構築を目的とする、金融庁による取り組みである。

金融庁は若手職員の人材育成及び新規性・独自性のある政策立案を目的とした「政策オープンラボ」を開催している。

この活動の一環として地域経済の活性化を志す職員を中心に発足したのが「地域課題解決支援チーム」である。このチームは、地域活性化の経験や地域金融の実務経験を有するメンバーがそれぞれの知見を生かして地域の現場に入り、地方と中央、官公庁と民間企業の結節点として、地域課題の解決に資する施策の共同企画・実施を行っている。

「ちいきん会」は地域課題解決支援チームの活動の一環として、コミュニティー形成の支援を企図する交流会である。地方創生に関心のある公務員と金融機関の職員の交流の場として機能しており、テーマごとのプレゼンや座談会がなされている。これらの活動は交流のみにとどまらず、省庁横断での施策議論会や中小企業の経営課題解決に向けた専門人材のマッチングなど、具体的な課題解決のアクションへと波及している。

また、地域課題解決支援チームは、ちいきん会に参加する地域の有志と各地の関係者が地域の課題について議論を行う「地域ダイアログ」の実施をサポートしている。コロナ禍の影響もあって、オンラインによる対話も活発化しており、柔軟な議論を通じた地域課題の明確化と、その解決に向けた施策の実現が試みられている。

中小企業等経営強化法

政府が中堅・中小企業や小規模事業者の生産性向上を支援する枠組みを定める法律。2016年7月に施行された。認定事業者は税制優遇や金融支援などの特例措置を受けられる。

人口減少や少子高齢化で人手不足が深刻化する中で、中堅以下の企業の課題である生産性向上や新事業進出を支援する目的で制定された。

企業は業界別の指針に沿って「経営力向上計画」を作り、認められれば国の支援が受けられる仕組み。指針は経済産業省の基本方針に合わせて各業界を所管する省庁が作っており、優良事例を参考にした生産性向上策が盛り込まれている。

申請企業は自社で計画策定が難しい場合は、商工会議所や金融機関、税理士などに計画策定の支援を求めることも可能。認定企業は税制優遇、政策金融機関の低利融資や公的な信用保証枠の拡大を受けられる。

2019年の通常国会で改正中小企業等経営強化法などをたばねた中小企業強靭化法が成立し、自然災害対策がメニューに加わった。災害に強い設備への投資や損害保険の加入などを盛り込んだ事業計画を国が認定する。

2020年の改正では経営革新計画などの認定を受けた企業に対し、日本政策金融公庫が現地法人に直接融資する**クロスボーダーローン**を行えるようにし、海外進出の支援策を充実させた。

2021年の改正では、資本金基準を撤廃するなどして支援対象企業の拡大が図られたほか、経営力向上計画に基づきM&Aを実施した企業が減税など優遇措置を受けられるようになった。

統合特例法

シェアが高くなっても特例的に地域銀行の経営統合が可能になるように、10年間の時限措置として独占禁止法の適用除外を認める統合特例法が2020年に成立し、施行された。

従来の独占禁止法では、市場シェアが高い企業同士の経営統合は、市場競争を阻害するために認められなかった。

このために、ふくおかフィナンシャルグループと十八銀行の経営統合は、公正取引委員会の審査が長引き、当初計画から大幅に遅れた。

独占禁止法が地域銀行の再編の障害になり、地域における金融サービスの提供を困難にすることを政府は心配し、10年間の時限措置として、統合特例法が2020年5月に制定され、11月に施行された。

法では、①地域銀行が持続的に基盤的な金融サービスを提供することが困難となるおそれがある場合 ②経営統合等によって基盤的なサービスの提供の維持が可能となる場合 ③利用者に不当な不利益（例えば、貸出金利や手数料の不当な上昇）が生じるおそれが無い場合、に独占禁止法の適用除外が認められる。

ただし、経営統合後には**金融庁**のモニタリングを受け、基盤的なサービスの提供が行われていなかったり、不当な不利益が利用者に生じている場合は、是正を求められる。

2021年5月に、青森銀行とみちのく銀行は2022年4月に持ち株会社方式で経営統合し、2024年4月に合併する計画を発表した。再編後の県内の貸出金シェアが7割となるために、特例法の初適用事例となることが予想されている。

特例法によって広がった再編の選択肢を有効に活用することが求められている。

特別当座預金制度

地域金融強化のための特別当座預金制度は、日銀当座預金に年0.1％の上乗せ金利を支払う仕組み。地域金融機関の経営改善への政策的サポートの効果が期待される。

日本銀行当座預金（日銀当預）とは、日銀と取引関係を持つ金融機関等から日銀が受け入れる当座預金である。①金融機関同士の決済手段 ②現金通貨の支払準備 ③準備預金としての役割を有する。日銀当預は、基礎残高、マクロ加算残高、政府金利残高の3層に分割され、それぞれプラス0.1％、0％、マイナス0.1％の金利が適用される（補完当預制度<2016年1月導入>）。

このうち、日銀による金融機関からの国債買い入れや金融機関の貸し出しの増加は、おおむね政策金利残高の増加分となる。マイナス金利が適用される政策金利残高が大きくなれば、金融機関の収益を圧迫する。

補完当預制度を2021年3月決定会合で見直したのは、この課題に取り組み、政策実効性を高めるためである。

同3月に導入（同11月に一部見直し）された特別当座預金制度は、2022年度までの時限付きで、一定の要件を満たした地域金融機関の日銀当預に一律で0.1％の金利上乗せをするため、金融機関の収益にプラスとなる。なお、「一定の要件」とは、OHR（経費/業務粗利益）を一定以上引き下げること、経営統合等により経営基盤の強化を図ることのいずれかである。

本施策は、地域金融機関の経営改革を促し、それに補助金を与えているような効果を持つ。ひいては、地元企業向け貸し出しの増加につながることも期待される。

金融行政・政策

包括的担保法制

動産担保のルール明確化に加え、企業の担保をより幅広く定義する担保法制を指す。金融庁が金融行政においてこの法制化による企業の資金調達円滑化を目指している。

金融機関は、長きにわたり、融資に際して土地、建物等の担保権を設定することで企業との与信取引を円滑化してきた。企業は設備投資を実施する際、民法等の枠組みの下で、銀行から担保付与信を借り入れることで、生産能力増強を拡大し、銀行はこれに伴う信用リスクを最小化してきた。

法務省において**動産担保**のルール明確化についての議論が始まったのは2019年3月以降である。ここでは、従来の土地や不動産を担保とする融資から、工場の機械設備、売掛債権等を担保とするルールに関する法改正が議論されてきた。法務省は、動産、債権等の担保設定を、従来の不動産抵当権のような、より安定した担保権と定義する法改正を目指している。2021年2月には法務大臣が、法制審議会に動産担保に関する法改正を諮問し、現在、同審議会において審議が続いている。

この動産担保のルール明確化に対し、包括的担保法制は、動産や債権の枠組みに留まらず、将来の事業キャッシュフロー等の、より幅広い無形資産等を含める担保法制を意味している。**金融庁**は、包括的担保法制という、より広範な担保をルール化することを求め、企業の設備投資向け融資を後押しする金融行政を目指している。銀行の担保となり得る、動産・債権以外の無形資産をどのように定義し、またそれらの価値評価の手法や流動性の定義については今後の議論となる。

預金保険の可変保険料率

金融庁は、金融機関の健全性に応じて差をつける可変保険料率を、預金保険制度に導入する方針を示した。地方金融機関の経営健全化を一層後押しする狙いがあると思われる。

預金保険制度は、金融機関が破綻した場合に、一定額の預金等を保護するための保険制度である。我が国の預金保険制度は、預金保険法（1971年制定）で定められており、政府・**日本銀行**・民間金融機関の出資により設立された預金保険機構が、その運営主体となっている。

対象金融機関は、預金保険の対象となる預金金額に預金保険料率（2021年度は決済用預金0.042％、一般預金等0.029％）を乗じて算出した預金保険料を、毎年預金保険機構に納入しており、これが預金保険制度の原資になる。

我が国ではこれまで、対象金融機関全てに対して同一の預金保険料率が適用されているが、海外では、金融機関が預金保険に損失を与えるリスクを預金保険料率に反映させる可変保険料率が、多くの国・地域で導入されている。

我が国でも、**金融庁**の令和元事務年度の金融行政方針で、可変保険料率導入の方針が示された。最近になって金融庁が可変料率の検討に入った背景としては、日本の金融システムが、あるべき保険料率の議論が可能な「平時」に入って久しいことに加え、預金保険をテコに、地方銀行などに経営の健全性の一層の向上を促す狙いがあると思われる。

ただし、コロナ対応が中心となった令和2、3各事務年度の金融行政方針は、この問題には全く触れておらず、本件の検討がどの程度のスピードで進むかは不透明である。

MMT（現代貨幣理論）

MMTでは、自国通貨建てで国債を発行しても、インフレにならない限り、債務不履行にはならず、政府は景気対策に専念すべきと主張している。

MMT（Modern Monetary Theory）では、自国通貨建ての国債を発行しても、過度のインフレにならない限り、債務不履行にはならず、財政赤字を心配する必要は無いと主張している。政府は財政赤字を気にせず、景気対策に専念すべきだと、ニューヨーク州立大のステファニー・ケルトン教授などによって提唱されている。

MMTでは、基軸通貨のドルを持っている米国に加え、財政悪化にも関わらず、長期金利は低位安定し、国債も安定的に国内消化されている日本の現状が、MMTの正しさを裏付けていると主張している。

これまでの多くの経済理論では、政府の財政赤字が拡大すれば、同時に金利上昇と景気悪化を招くとし、政府の国債発行の拡大は望ましくないとされてきた。一方、MMTは、財政赤字拡大で景気悪化を招くとは限らず、マネーサプライの増加によりインフレ圧力がかかるのみとする。政府は将来の支払いに対して非制限的な支払い能力を有しているとして、政府の債務超過による破綻を否定している。

このため、ポール・クルーグマン、ローレンス・サマーズといった米国の主流派経済学者は、MMT批判を展開している。彼らの批判は大きく2つある。1つは、財政支出拡大で金利が急騰し、民間投資が阻害されてしまう懸念。2つ目は、財政支出を無限に拡大させることによるハイパーインフレ懸念である。

Ⅷ 基礎用語

業務改善命令

金融庁が金融機関などの健全性を確保するために行う行政処分。法令違反や財務内容の悪化が明らかになった時、検査などを通じて実態を把握した上で発出する。

業務改善命令を出す際は問題が疑われる金融機関を検査し、リスク管理態勢や法令順守態勢、ガバナンスなどの観点から実態を把握するのが第1ステップ。その上で原因分析などの報告を求め、重大な問題がある場合に出される。命令を受けた銀行は改善策を盛り込んだ計画を提出する必要がある。

経営悪化する地域銀行が恐れるのが財務に関する改善命令。2018年に有価証券運用の失敗で赤字に転落した一部の地域銀行に出した。ビジネスモデルの持続可能性に深刻な問題を抱える地域金融機関に早期改善を促す狙いだ。**金融庁**幹部は「徐々に本業赤字が積み重なり、自己資本比率が最低基準を下回る恐れが高く

なってからでは遅い」と言う。

この枠組みは2019年6月には**早期警戒制度**に明記した。基準とする経営指標の1つが、収益のかさ上げに使われがちな投資信託の解約損益を除いたコア業務純益になる。一定水準を下回る場合は経営実態の把握に乗り出し、ビジネスモデルや経済環境について踏み込んで対話する。店舗や人員配置見直しなど効率化を促しても改善が見込めない場合は改善命令を検討する。

従来は法令違反やシステムトラブルなどを発端とする例が多かった。他金融機関に自主点検を促す狙いも込めて公表するケースが多い。2003〜2006年度には同様の違反を年50件程度出し、「金融処分庁」と揶揄されたこともある。

基礎用語

金融審議会

金融庁設置法第6条に基づく諮問機関。内閣総理大臣などの諮問に応じ、国内金融に関する制度の改善事項などを調査・審議し、意見などを表明するための組織。

金融審議会の下には、金融分科会、金利調整分科会、公認会計士制度部会、自動車損害賠償責任保険制度部会が設置されている。

具体的な政策課題を金融審議会に諮問し、政策課題ごとに検討が終了した段階で解散するサンセット方式のワーキング・グループを設置し、大学教授や実務家等を委員として、実務的・専門的な観点から検討している。

現在、マネーロンダリング及びテロ資金供与対策（AML／CFT）については、金融活動作業部会（FATF）による「第4次対日相互審査」における結果も踏まえ、継続的な顧客管理や「取引フィルタリング」「取引モニタリング」に関し、システムを用いた高度化が喫緊の課題となっている。

一方、地域金融機関を中心にシステムの整備や人材の確保などについて、単独で対応することが困難との声があることも踏まえ、現在、全国銀行協会において、AML/CFT業務の共同化に向けた検討が進められている。そこで金融審議会「資金決済ワーキング・グループ」においては、同共同化業務の適切な遂行を確保するための法的枠組みなどの審議が行われている。

「ディスクロジャーワーキング・グループ」においては、サステナビリティ（気候変動対応、人的資本への投資、多様性の確保等）及びコーポレートガバナンスに係る開示並びに四半期開示の見直しについて、審議を行っている。

基礎用語

金融商品取引法

従来の縦割り業法を見直し、投資性の強い金融商品を幅広く対象とする横断的な制度を整備することを目的に、名称を「証券取引法」から変更して2007年9月に施行された法律。

2006年6月、証券取引法の改正という形で金融商品取引法が成立した。金融先物取引法、投資顧問業法、外国証券業者に関する法律、抵当証券業の規制等に関する法律、投資信託法は金融商品取引法に統合され（投資信託法は一部のみ）、金融商品取引法は2007年9月から施行された。

金融商品取引法では、規制対象商品の拡大、規制対象業務の横断化、行為規制の整備・柔軟化などのほか、開示制度の充実、各種罰則規制の強化が図られている。

なお、預金取り扱い金融機関や保険会社のように、免許制の下でより高度な業規制が課せられている業者については、金融商品取引法の直接的な規制対象とせず、別途、各業法を改正して必要な行為規制が整備された。

具体的には、外貨預金、仕組み預金、変額年金保険、各種デリバティブのように投資性の高い商品を取り扱う場合には、金融商品取引法の行為規制を業法において準用することとし、主に広告規制、契約締結前・契約締結時の書面交付、不招請勧誘（顧客からの依頼が無い勧誘）・再勧誘の禁止（一定の業務）、損失補てんの禁止、適合性の原則——などの行為規制が課された。

施行後も、金融ADR制度（金融分野における裁判外紛争解決制度）の創設、デリバティブ取引に係る勧誘行為規制の強化、インサイダー取引規制の見直しなどの改正が行われている。

基礎用語

金融庁

内閣府の外局であり、我が国の金融の機能の安定を確保し、預金者、保険契約者、有価証券の投資者などの保護を図るとともに、金融の円滑化を図ることを任務とする行政機関。

金融庁は2000年7月、金融監督庁を改組して設立された。所管大臣は内閣総理大臣だが、特命担当大臣（金融担当大臣）が内閣総理大臣を補佐し、金融円滑化の総合調整機能を担うほか金融行政を指揮・監督する。

金融庁は、①金融行政の戦略的な立案、庁内の各部局間の連絡調整等の金融庁全体に関わる事項の総合調整機能を果たし、金融外交並びに**マネーロンダリング対策**、**サイバーセキュリティー**等といった金融機関等の共通課題への対応や、金融システム全体のリスク等についてモニタリングを担当する「総合政策局」　②銀行法や**金融商品取引法**といった金融関連の法令や制度に関する企画・立案業務のほか、コーポレートガバナンス改革

や公認会計士・監査法人・金融商品取引所の監督業務、有価証券報告書等の開示書類の審査等に関する業務を担当する「企画市場局」　③金融検査を始めとした**オン・オフ一体型モニタリング**を継続的に実施し、必要に応じて**業務改善命令**や停止命令等を発動すること等により重大問題の発生を予防するほか、より良い実務の実現に向けた金融機関自らによる様々な取り組みを促すなどの監督行政を行う「監督局」、の3局体制を採用。この他には、**証券取引等監視委員会**や公認会計士・監査審査会が設置されている。

また、毎年、目指す金融行政の姿とその実現に向けた当該事務年度における方針を「金融行政方針」として公表している。

経営革新等支援機関

国から「中小企業・小規模事業者からの経営相談に対応できる専門的知識や支援に係る実務経験を有する」と認定を受けた個人や法人、認定支援機関。

中小企業などへの支援事業の担い手の多様化と活性化を図るため、2012年8月に施行された「中小企業経営力強化支援法」に基づき、一定レベル以上の専門知識や実務経験を有する個人や法人を公的な支援機関として認定する制度が創設された。

具体的には、全国の商工会議所、税理士、弁護士、民間コンサルティング会社、地域金融機関などが支援機関として認定されている。2021年8月末時点の全国の認定支援機関の総数は3万6,798機関。従来、経営革新等支援機関の認定の際には、各経済産業局が発行する認定通知書とは別に、認定証を発行していたが、業務軽減の観点から現在は廃止されている。経営相談を希望す

る中小企業などは、経済産業局のホームページなどから各支援機関の得意分野や実績を検索することができる。

主な支援内容は、経営の状況に関する調査・分析、事業計画の策定や必要な指導、助言である。支援した案件の継続的なモニタリングやフォローアップも行っている。さらに、資金調達力の向上へ計算書類などの作成及び活用を推奨している。

支援体制の強化や支援能力向上を図るため、独立行政法人中小企業基盤整備機構（中小機構）では、認定支援機関に対し各種の研修やセミナーを実施している。そのほか、中小機構の各地域本部での窓口相談や専門家らの派遣による出張相談も行っている。

基礎用語

財務省

国の予算・決算の作成、内国税制度、関税制度の企画・立案、国債・貨幣の発行、外国為替・国際通貨制度の企画・立案などを担当する組織。

1997年に、大蔵省から金融機関などに対する検査・監督の機能が新設の金融監督庁に移管され、同庁が2000年7月に**金融庁**に改組されると、金融危機管理（共管）を除く金融制度の企画・立案機能も移管された。これにより大蔵省は、2001年1月の中央省庁再編で財務省に改組された。

財務省の機構は本省と外局に分かれており、本省は内部部局、施設等機関、地方支分部局によって構成されている。

このうち内部部局は、①総合調整、政策金融機関に関する制度及び金融危機管理に関する企画・立案などを行う「大臣官房」②国の予算・決算及び会計制度の企画・立案などを行う「主計局」③内国税制度の企画・立案などを行う「主税

局」④関税制度の企画・立案などを行う「関税局」⑤国庫制度や公債・貨幣の発行及び財政投融資などを行う「理財局」⑥外国為替・国際通貨制度の安定に関する調査・企画・立案などの事務を行う「国際局」によって構成されている。

施設等機関については、財務総合政策研究所、会計センター、関税中央分析所、税関研修所の4機関で構成されている。一方、地方支分部局については、財務局（全国9カ所）、税関（同8カ所）及び沖縄地区税関で構成されている。

外局としては国税庁があり、内国税の賦課徴収、税理士制度の運営などを担当している。また、造幣局及び国立印刷局、並びに日本政策投資銀行などを所管している。

基礎用語

事業承継・引継ぎ支援センター

中小企業・小規模事業者の事業の存続や承継に関する問題について、情報提供や支援を行うことを目的に、全国の各都道府県に設置されている支援機関。

中小企業・小規模事業者は、後継者不足による**事業承継**問題が深刻化している。後継者がおらず廃業を余儀なくされる会社や事業も少なくない。

これらの問題の改善を図るため、事業承継で悩みを抱える中小企業に対して専門家による適切な助言や情報提供、マッチング支援を実施するために独立行政法人中小企業基盤整備機構が設置した公的な支援機関として、事業引継ぎ支援センターは設立された。

2011年の産業活力再生特別措置法の改正を受けて、まず、全国47都道府県の商工会議所などの認定支援機関に「事業引継ぎ相談窓口」が設置された。そのうち、M&Aの活用を含めたより専門的な支援を実施することを目的に、事業引き継ぎ支援のニーズが高く、かつ支援体制が整った地域についてのみ事業引継ぎ支援センターが設置された。

現在では全国47都道府県の全てに開設され、2020年度からは全国全ての事業引継ぎ支援センターに後継者人材バンクが設置された。また、2021年4月には、親族内支援を行う事業承継ネットワークと統合し、現在の事業承継・引継ぎ支援センターに改組された。

発足以降、2020年度末までに6万191社の相談に応じ、4,956件の事業引き継ぎを実現した。単年度の相談件数・成約件数ともに増加傾向にあり、2020年度の相談件数は過去最高の1万1,686社、事業引継ぎ件数は1,379件に達している。

証券取引等監視委員会

証券取引の公正確保を目的として1992年に設置。調査・検査を通じた市場監視を行い、市場の公正性・透明性の確保や投資者保護を実現する組織である。

証券取引等監視委員会は**金融庁**に置かれる審議会等の組織の1つである。委員長と委員2人からなる委員会のもとに職員400人強の事務局が置かれている。1991年に証券大手4社による損失補填問題が発覚し、世論の批判が高まると、大蔵省（現**財務省**）は、損失補填や取引一任勘定の禁止などを内容とした「改正証券取引法」を成立させた。これと並行して、大蔵省内に証券取引委員会を設置し、のちに銀行局、証券局が金融監督庁（現金融庁）として独立すると、同庁に移管された。

現在では、市場の公正性・透明性の確保、投資者保護等を目的に、①インサイダー取引・相場操縦等の不公正取引に対する調査 ②上場企業等のディスクロージャー違反に対する開示検査 ③金融商品取引業者等の法令違反行為等に対する証券検査 ④調査・検査結果を踏まえた行政処分・課徴金納付命令の勧告や告発、などの活動を行う。審査の実施は年1,000件程度、情報の受付は年6,000～7,000件程度であり、これらを受け年に数件程度、反則事件の告発を行う。村上ファンドによるニッポン放送株のインサイダー取引事件などで記憶されている。

新たな金融商品の開発とともに、その業務範囲も拡大している。暗号資産、デリバティブ取引や商品関連デリバティブ取引を業として行う者が第一種金融商品取引業者に位置付けられ、証券検査における対象となった。

基礎用語

地域経済活性化支援機構(REVIC)

2009年10月に企業再生支援機構として設立した株式会社。2013年3月の法改正で社名の変更や事業拡大などを実施した。REVIC（Regional Economy Vitalization Corporation of Japan）という。

2013年3月より「株式会社地域経済活性化支援機構法」を根拠法に、大規模事業者など一部の支援対象除外事業者以外の全事業者を対象に地域活性化支援を行う組織。

2018年5月の法改正を受け、現在は、①特定専門家派遣による金融機関等が行う**事業性評価**や事業者の課題解決に対する助言等 ②地域経済牽引事業者支援を目的に、金融機関等と共同した地域活性化ファンドの運営 ③地域活性化ファンドや事業再生ファンドへのLP（有限責任組合員）出資を通した地域経済活性化・事業再生支援 ④**経営者保証**付貸付債権等の金融機関等から買い取り、事業者の金融債務整理と経営者個人の保証債務の整理を一体で行う業務 ⑤有用な経営資源を有しながら過大債務を負う事業者・病院・学校等への事業再生計画に基く過大債務の削減等を通じた財務の再構築や事業内容の見直し、十分な事業利益の確保による競争力回復と事業再生の支援 ⑥事業再生ファンドの運営を通じた窮境にある事業者に対する貸付債権を金融機関から買い取るほか、再生に必要な新たな資金を社債や融資の形で提供する業務などを公的・中立的な第三者の立場から実施している。

近年は激甚災害被災企業の復興支援、さらに2020年5月から2021年度にかけては、コロナ禍で経営悪化した企業への相談業務や事業支援にも積極的に対応している。

中小企業再生支援協議会

経営不振に陥った中小企業に、税理士や弁護士ら知識と経験を持つ専門家が解決に向けた助言や再生支援を行うことを目的に、各都道府県に設置された組織。

中小企業再生支援協議会は、2003年4月施行の産業再生法に基づき、中小企業に再生支援業務を行う者として認定を受けた商工会議所などの支援機関を受託機関として、同機関内に設置されている。同年2月から全国に順次設置、現在は全国47都道府県に1カ所ずつ設置されている。

各地の中小企業再生支援協議会では、事業再生に関する知識と経験を持つ専門家（金融機関出身者、公認会計士、税理士、弁護士、中小企業診断士ら）が統括責任者として常駐し、経営不振に陥った中小企業からの相談を受け付けている。解決に向けた助言や支援策・支援機関の紹介（一次対応）だけでなく、事業性など一定の要件を満たす場合には、再生計画の策定支援（二次対応）も行っている。2020年4月からは、新型コロナ特例リスケジュール計画（特例リスケ計画）策定支援も行っている。あくまでも公正中立な第三者の機関であり、当該企業の事業面や財務面の詳細な調査分析を実施し、金融機関へ調停案の提示を含めた再生計画の策定を支援している。

発足以降、2020年度末までに4万9,971社からの相談に応じ、1万5,591社の再生計画の策定支援を完了しており、着実に成果を上げている。2020年度の単年度については、2,749件の特例リスケ計画の策定支援も完了している。2020年度の窓口相談企業数は5,580件であり、対前年度比で約1.5倍と急増している。

日本銀行

日本の中央銀行。銀行券の発行、物価の安定を図り、国民経済の健全な発展及び決済システムの円滑を確保し、信用秩序の維持に資することを目的としている。

日本銀行は、1882年の日本銀行条例により設立、1942年には旧「日本銀行法」が制定され、その後、大蔵省(現**財務省**)改革の一環で1997年に旧日銀法が全面改正されて新「日本銀行法」が成立し、1998年4月に施行された。新日銀法では、政府の広範な監督権限を合法性のチェックに限定し、政策委員会の政府代表委員制度の廃止などによって、独立性の確保が図られた。また業務内容の明確化の観点から、金融機関に対する考査の法定化がなされた。

日銀は、政策委員会を最高意思決定機関としており、その構成員(総裁、副総裁及び審議委員)は国会の同意を得て内閣が任命、任期は5年となっている。

本店には、①政策委員会の議事運営などを担う「政策委員会室」②通貨・金融調節に関する基本的事項の企画・立案を担う「企画局」③信用秩序の維持に関する基本的事項の企画・立案や考査などを担う「金融機構局」④決済システムに関する基本的事項の企画・立案などを担う「決済機構局」⑤金融市場調節の実施内容の決定などを担う「金融市場局」⑥外国中央銀行との連絡・調整などを行う「国際局」、など14局室及び金融研究所が設置されている。本店以外には、国内32支店・14事務所、海外7駐在員事務所の拠点を有している。

近時、「**中央銀行デジタル通貨**」(Central Bank Digital Currency:CBDC)に対し、他の中央銀行と連携して検討を行っている。

基礎用語

バーゼル銀行監督委員会

主要国の中央銀行と銀行監督当局の代表で構成し、銀行監督などに関する国際協調を担う。バーゼル規制など銀行のリスク管理に関する実務の推進強化に取り組んでいる。

バーゼル銀行監督委員会（BCBS）は、1974年に設立された委員会で、銀行の健全性維持を目指した自己資本比率基準やリスク管理指針などを協議する場である。上位機関に中央銀行総裁・銀行監督当局長官グループ（GHOS）がある。

メンバーは、日本を含む28の国・地域の中央銀行と銀行監督当局の代表である。委員会は通常、スイス・バーゼルの国際決済銀行（BIS）で開かれる（日本は**日本銀行**と**金融庁**が参加）。

同委員会には銀行への直接的な監督権限が無く合意事項も法的拘束力は無いが、多くの国で実施されている。1988年策定の「自己資本の測定と基準に関する国際的統一化」

による規制（バーゼルⅠ）は、2004年にリスク算出基準が精緻化された（バーゼルⅡ）。その後2010年には、自己資本の最低水準引き上げや質の厳格化が合意された。

また、レバレッジ比率規制や良質な流動資産確保を求めるLCR（流動性カバレッジ比率）、安定調達比率の導入、国際金融システムで重要な銀行（G-SIBs）に対する追加措置なども合意され（**バーゼルⅢ**）、2028年初に完全実施の予定である。

このほか、暗号資産の取り扱いについても新たに規制案を公表している。

同委員会は銀行監督の国際的な基準設置団体として機能を発揮し、銀行システムの安定性を高めたとみられる。

基礎用語

261

バーゼルⅢ

銀行の資本基盤強化、レバレッジ抑制及び流動性リスク管理強化を目的にバーゼルⅡを見直して2010年に合意に達した枠組み。リスクアセットの見直しを経て2017年に最終化された。

1. 自己資本比率規制

「自己資本の質の強化」及び「リスク捕捉の強化」を目的とした見直しである。

「自己資本の質の強化」は、損失吸収力の高い資本である「普通株式等Tier1」を中心とした資本構成を促すために、従来の自己資本比率8％に加えて普通株式等Tier1比率4.5％及びTier1比率6.0％を最低比率として設定。

また、調整項目（従来の控除項目）の定義を厳格化し、主に普通株式等Tier1で調整するようにした。

「リスク捕捉の強化」は、デリバティブ取引に伴うカウンターパーティリスク（取引相手の信用リスク）や大規模な金融機関へのエクスポージャーに関わる資本賦課を強め

るものとなった。

日本では、国際統一基準行には2013年3月末から導入され、国内基準行には2014年3月末から導入された。国内基準行には、「コア資本」（普通株式及び内部留保を中心に、強制転換型優先株式を加えたもの）の概念が導入され、国内独自のルールも設けられた。

2. レバレッジ比率規制

過度なレバレッジの積み上がりの抑制を目的として、バーゼルⅢから新たに導入された規制である。日本では、2019年3月から国際統一基準行を対象に最低所要比率3％を求めるレバレッジ比率規制（第一の柱）が導入された。「レバレッジ比率＝Tier1の額÷（オンバランス項目、デリバティ

ブ、証券金融取引及びオフバランス項目の合計額）≧3％」

3. 流動性規制（LCR）

　景気後退局面といった「ストレス時」の資金繰りに対応できるように、流動性の高い資産の保有を促進することを目的として、バーゼルⅢから新たに導入された規制である。国際統一基準行に適用。「流動性カバレッジ比率（LCR）＝適格流動資産の額÷30日間のストレス期間に想定されるキャッシュアウト≧100％」

4. 流動性規制（安定調達比率）

　資産の運用と調達の期間のミスマッチを抑制することを目的に、バーゼルⅢから新たに導入された規制。国際統一基準行に対して2021年9月末から適用。

　「安定調達比率＝安定調達額÷運用資産の期間に応じた所用安定調達額≧100％」

　なお、バーゼルⅢの導入後も、内部モデルの使用に伴う

リスクアセット計測のバラつきやリスクに対する感応度の向上等を目指し、見直しが続けられた。

　2017年12月に、信用リスクの標準的手法・内部格付手法、資本フロアの設定、オペレーショナルリスクの計測手法、CVAリスクの計測手法及びレバレッジ比率について見直しが行われ、バーゼルⅢの枠組みは最終化に至った。

　マーケットリスクの計測手法も含むこれらの見直しは、国際統一基準行及び内部モデルを用いる国内基準行については2023年3月末から適用し、それ以外の国内基準行については適用を1年延長（2024年3月末から適用）できる予定である。これまで内部モデルを採用していた銀行は、内部モデルの使用の制限や資本フロアの導入に伴うリスクアセットの増加などにより、各行のリスク管理やビジネス戦略に影響を与えることが予想されている。

プライムレート

信用力の高い取引先に適用される最優遇金利。短期プライムレートは1989年に制度変更が実施され、リテール分野で用いられている。このほかに、長期プライムレートがある。

　1989年以前の短期プライムレート（以下、短プラ）は、公定歩合に連動して決定されていた。預金金利の自由化を受け、1989年1月23日以降は各銀行が自主的に短プラを公表する仕組みが導入された。新たな短プラは、各銀行の総合的な資金調達コストを反映した水準とされている。

　現在、企業向けの短期融資（期間1年以内）では、大企業向けはTIBOR等を基準としたスプレッド貸し出し、中小企業向けは短プラを基準とした貸し出しが多い。個人向けの住宅ローンの変動金利に関しては、短プラに1％程度を加えた水準を基準金利としている場合が多い。2021年12月現在、都市銀行銀の短プラの最頻値は1.475％である。

　過去、長期プライムレート（以下、長プラ）は、長信銀の5年物金融債の利回りに0.5％を加えた水準であった。長信銀の消滅後は、日本興業銀行を継承したみずほ銀が独自に長プラを公表している。

　海外に目を転じると、米国では各銀行がプライムレートを決定・公表している。水準に関しては、FRBのFF金利の誘導目標に3％程度を上乗せしている場合が多いようである。

　中国では、中国人民銀行がローンプライムレート（LPR）を公表している。大手18行が主に1年物の中期貸出ファシリティ金利にプレミアムを上乗せして算出したLPRを人民銀に報告し、人民銀が平均値を公表しており、貸し出しの指標金利として利用されている。

基礎用語

よろず支援拠点

中小企業・小規模事業者の経営上の様々な悩みや課題をワンストップで支援することを目的に、2014年6月から全国の各都道府県に設置されている経営相談所。

よろず支援拠点は、売り上げ拡大や経営改善、**事業承継**、創業など、中小企業・小規模事業者のあらゆる悩みの相談にワンストップで対応することを目的に、国が全国の各都道府県に2014年から設置している経営相談所である。

独立行政法人中小企業基盤整備機構が全国本部として各よろず支援拠点をバックアップしている。利用者は何度でも無料で相談することができるのが特徴になっている。

よろず支援拠点が設置された背景には、アベノミクスにおける成長戦略の1つとして成立した「小規模企業振興基本法」があり、よろず支援拠点が地域活性化の中核的な存在となることや、そのノウハウが地域の支援機関に普及していくことが期待されていた。

相談内容に応じて、適切な支援機関や専門家の紹介、国や自治体の支援策の利用促進、その担当者の紹介を行っている。これまでの主要な支援事例は、よろず支援拠点全国本部のホームページ上において、都道府県、業種、課題別に細かく検索することができる。

2020年度の実績は、コロナ禍の影響で来訪相談者数こそ減少したものの、相談対応件数は前年比32%増の32万6,584件であった。2020年度の相談内容の内訳では、売上拡大が66.8%を占めており、経営改善・事業再生、創業がそれに続いている。相談した事業者の規模別の内訳では、従業員数5人以下が過半を占めている。

基礎用語

265

ECB(欧州中央銀行)

欧州19カ国が加盟する中央銀行。1999年に設立され、加盟国の物価安定を政策目標とする金融政策を行う。ラガルド総裁就任以降、機構改革への期待が高まっている。

欧州では、ECBが1999年以降、加盟国の物価安定を目標とする金融政策を行っている。欧州連合参加国のうち、19カ国が加盟する単一通貨ユーロの通貨管理体制を総称して、ユーロシステムと呼ぶ。

ECBの組織は、6人から構成される常務理事会、加盟19カ国の中央銀行総裁から構成される政策理事会(合計25人)が、金融政策に関わる意思決定を行う。常務理事会、政策理事会では、政策金利であるリファイナンス金利の水準の決定ほか、近年はこれらに単一監督メカニズム(SSM)に基づく、銀行監督が新たな任務として加えられている。

金融政策に関わる意思決定を行う政策理事会の討議に関わる報道発表は6週間ごとに実施される。**日本銀行**の金融政策決定会合、米国の連邦公開市場委員会の開催頻度が年間8回であることと比較すると、ECB政策理事会は他の先進主要国よりも高い頻度で開催し、報道発表されていることになる。

マリオ・ドラギECB総裁退任後、2019年10月にクリスティーヌ・ラガルド前国際通貨基金(IMF)専務理事が総裁に就任した。欧州委員長にはドイツのフォン・デア・ライエン氏が就任することで、EU主要人事は、フランスとドイツでバランスを取る形で決着を見た。メルケル独首相が2021年9月に政界を引退したことで、ECBが、今後の独仏関係からいかなる影響を受けるのか注目される。

基礎用語

FRB（米国連邦準備制度理事会）

米国の中央銀行としての役割を担う米連邦準備制度の中核機関。各地域において銀行監督や紙幣の発行を行う12の地区連邦準備銀行を統括し、金融政策などを実施する。

国土面積が広大な米国では、東海岸地域と西海岸地域の金利水準や経済動向が異なる状況が生じ得る。このため、**日本銀行**やイングランド銀行とは異なり、米国ではニューヨーク連邦準備銀行（連銀）をはじめ12の地区連銀が存在し、各地域で銀行監督や紙幣の発行を行っている。

FRBは、この12の地区連銀のとりまとめ役としてワシントンDCに本部を置く。

重要な任務である金融政策は、米連邦公開市場委員会（FOMC）の決定をもとに実施される。FOMCでは、フェデラル・ファンド・レート（FF金利）の誘導目標が決定され、FRBが短期金融市場においてこの金融調節を実施する。

この金融政策を決定する

FOMCは、大統領に指名される7人のFRB理事と5人の地区連銀総裁により構成される。議決権を持つ5人の地区連銀総裁を含むことで、異なる地域の経済動向を1つの金融政策に反映する。

FRBは、1913年の連邦準備法に基づき設立された連邦準備局を前身とし、1935年の銀行法施行以降、現在の名称が掲げられている。FRB理事7人から議長、副議長が選任され、4年ごとに改選される。

FRBは連邦準備法上、中央銀行としての独立性が保証される。しかし、トランプ共和党政権時代に任命されたジェローム・パウエルFRB議長が、バイデン民主党政権により再任されるかが金融資本市場から注目されている。

基礎用語

FSB（金融安定理事会）

金融システムの安定に係る国際的な課題について議論することを目的とした、監督当局等から構成される国際的な組織。日本からは金融庁、財務省、日本銀行が参加。

FSB（Financial Stability Board）は、2009年4月に設立された国際的な組織であり、全てのG20（主要20カ国・地域）に所属する国や地域等の国内当局（監督当局、財務省、中央銀行）のほか、国際通貨基金（IMF）などの国際金融機関、バーゼル銀行監督委員会などの金融分野の国際基準設定主体などから構成されている。

金融システムの脆弱性への対応や金融システムの安定を担う当局間の協調の促進に向けた活動などが行われている。例えば、金融規制改革の影響評価、市場分断の回避、金融技術革新（暗号資産やグローバル・ステーブルコインなど）、気候変動が金融に与える影響などに取り組んでいる。

国際的な議論の枠組み

出所）金融庁：金融庁の1年（2019事務年度版）

G20（主要20カ国・地域）

主要先進7カ国G7に新興国12カ国などを加えた20カ国・地域を指す。近年、新興国経済の全世界比が高まり、G20会議の国際社会への影響力も高まっている。

1980年代後半には全世界の70％を超えた主要先進7カ国（米国、カナダ、日本、ドイツ、フランス、英国、イタリア）経済の全世界に対する比率は、現在は40％台に低下している。

この間、中国他の新興国のシェアが高まり、国際社会における発言力が強まっている。特に2008年以降、開催頻度が高まってきたのがG20会合である。

G20参加国のうち、新興国は、アルゼンチン、豪州、ブラジル、中国、インド、インドネシア、韓国、メキシコ、ロシア、サウジアラビア、南アフリカ、トルコの12カ国である。この12カ国にG7諸国、欧州連合を加えた20カ国・地域の財務大臣・中央銀行総裁が集う会合が、G20財務大臣・中央銀行総裁会議である。

2020年の全世界の国内総生産の規模が約85兆ドル（世界銀行）であるのに対し、世界の金融資産残高は250兆ドル（2020年、国際金融協会）である。この世界のGDPの3倍に肥大化した国際資本を管理するには、もはやG7諸国のみでは力不足である。G20国際会合は、こうした問題への対処を目的として、開催頻度を高めている。

中国のGDPが2030年前後に米国を逆転することがほぼ確実視される中、他の新興国諸国のGDP規模も、高い成長率が見込まれる。今後も新興国12カ国の発言力は一層強まり、G7の枠組みが次第に形骸化することが予想される。

基礎用語

G-SIFIs

「Global Systemically Important Financial Institutions」の略で、国際金融システム上重要な金融機関。これを銀行に限定したものがG-SIBs（Global Systemically Important Banks）である。

リーマン・ショック後、リーマン・ブラザーズのような大手金融機関の経営破綻によるシステミックリスクを回避し、破綻処理が難しい大手金融機関の経営にモラルハザードを防止することが各国の金融当局の共通課題となった。2010年11月に**FSB（金融安定理事会）**はG-SIFIsについて規制強化する方針を公表した。2011年11月のカンヌでの**G20**首脳会議では、G-SIFIsに関して、追加的な自己資本規制の強化や再建・破綻処理計画の策定を求めることで合意した。

2011年以降、FSBは毎年11月にG-SIFIsを指定している。一時的に保険会社もG-SIFIsの対象とされたが、2017年以降は銀行のみが対象とされている。現行では、G-SIFIsとG-SIBsは同一となっている。

日本では3メガバンクのグループがG-SIBsの指定を受けている。このほかに、**金融庁**は国内の金融システム上重要な銀行（D-SIBs）として4社を指定している。

G-SIBsは、重要性の区分に応じて自己資本比率の上乗せが求められる。CitigroupとHSBC、JP Morgan Chaseは2.0％と、最も大幅な上乗せが適用されている。邦銀に関しては三菱UFJが1.5％、みずほと三井住友は1.0％が適用されている。自己資本の上乗せの他に、G-SIBsにはTLAC（総損失吸収能力）の規制も適用される。具体的には、損失を吸収できる社債等をリスク資産比で一定水準以上、保有することが義務付けられている。

PFI

「Private Finance Initiative」の略。公共施設等の建設・維持管理・運営等に、民間部門の持つ経営ノウハウや資金を活用することで、低廉かつ良質な公共サービスを提供する手法。

PFIは「小さな政府」を目指すサッチャー政権以降の英国で1992年に導入されたのが始まり。公民連携で公共サービスの提供を行うスキームをPPP（公民連携）と呼び、PFIはPPPの代表的な手法の1つ。PFIを活用する意義は、厳しい財政事情の下、多種多様な住民ニーズに応えるべく効率的、効果的な公共サービスを実現することにある。

PFIの最も重要な概念にVFM（バリュー・フォー・マネー）がある。VFMは、一定の支払いに対し、最も価値の高いサービスを提供するという考え方。VFMを徹底し、公共部門から民間部門へリスクが移転され、公共事業に競争原理が導入され、事業コストの削減やより質の高い公共サービスの提供が期待できる。

日本では2011年の改正PFI法で対象が公的な賃貸住宅、船舶・航空機、人工衛星など幅広い分野に拡大。その中でも重視されたのが、国や自治体に所有権を残したまま運営権を民間事業者に売却する「コンセッション方式」である。政府は2013～2022年度の10年間で21兆円のPFI／PPP事業を目標としており、うち7兆円はコンセッション方式による事業を目指す。

新型コロナウイルス対応で国・地方公共団体の歳出が急増する一方、不要不急の事業や施策を中止、延期する向きも出ている。一時的な財政の制約で必要な事業・施策が滞らないようにPFIの活用が求められている。

IX
特別資料

業態別金融機関計数

全国銀行主要計数

全国信用金庫主要計数

地域銀行の持ち株会社

金融界10大ニュース

業態別金融機関計数

機関数

	1980年	90年	2000年	10年	17年	18年	19年	20年	21年
都　　　銀	13	13	9	6	5	5	5	5	5
長　信　銀	3	3	3	–	–	–	–	–	–
信　託　銀	7	7	7	6	5	5	5	5	5
その他銀行	–	–	–	13	13	13	14	14	14
地　　　銀	63	64	64	64	64	64	64	64	62
第二地銀	71	68	60	42	41	41	40	38	38
信　　　金	462	454	386	272	264	261	259	255	254
信　　　組	483	414	291	159	151	148	146	145	145
小　　　計	1,102	1,023	820	562	543	537	532	526	523
労　　　金	47	47	41	13	13	13	13	13	13
農　　　協	4,546	3,737	1,542	724	653	652	628	603	576
ゆうちょ銀	1	1	1	1	1	1	1	1	1
合　　　計	5,690	4,808	2,404	1,300	1,210	1,203	1,174	1,143	1,113

店舗数 (単位＝店)

	1980年	90年	2000年	10年	17年	18年	19年	20年	21年
都　　　銀	2,780	3,653	3,042	2,475	2,819	2,835	2,752	2,718	2,804
長　信　銀	63	93	88	–	–	–	–	–	–
信　託　銀	319	419	424	281	305	308	305	308	308
その他銀行	–	–	–	376	252	247	364	369	386
地　　　銀	5,498	7,456	7,924	7,521	7,507	7,496	7,605	7,779	7,758
第二地銀	3,734	4,626	4,569	3,089	3,054	3,055	2,962	2,812	2,799
信　　　金	5,379	7,936	8,638	7,619	7,361	7,347	7,294	7,237	7,181
信　　　組	2,505	2,945	2,573	1,765	1,691	1,660	1,633	1,614	1,597
小　　　計	20,278	27,128	27,258	23,126	22,989	22,948	23,023	22,837	22,833
労　　　金	483	646	693	665	618	627	620	614	608
農　　　協	16,893	16,314	14,100	8,707	7,805	7,682	7,547	7,220	6,879
ゆうちょ銀	22,850	23,503	24,768	24,185	24,060	24,019	23,944	23,881	23,815
合　　　計	60,504	67,591	66,819	56,683	55,472	55,276	55,134	54,552	54,135

行職員数 (単位＝人)

	1980年	90年	2000年	10年	17年	18年	19年	20年	21年
都　　　銀	181,007	152,237	119,076	96,395	106,096	106,033	104,480	100,850	98,093
長　信　銀	9,408	10,814	8,284	–	–	–	–	–	–
信　託　銀	33,762	31,193	30,113	23,858	26,393	26,524	25,968	25,951	25,856
その他銀行	–	–	–	7,278	9,199	10,228	10,385	10,807	11,188
地　　　銀	158,962	158,243	152,370	125,069	124,416	123,691	129,412	128,638	126,668
第二地銀	89,992	86,845	75,308	47,884	44,706	44,333	41,647	37,534	36,841
信　　　金	144,023	151,932	144,807	115,638	109,587	106,302	106,541	104,073	103,071
信　　　組	43,189	44,288	33,074	21,811	21,147	19,899	19,416	19,039	18,829
合　　　計	660,343	635,552	563,032	437,933	441,544	437,010	437,849	426,892	420,546

①各年３月末　　②信託銀、その他銀行の対象は次ページの注釈の通り
③店舗数には移動出張所、外貨両替専門店、海外駐在員事務所、店外CD・ATM、代理店は含まない
④信金、信組、労金の職員数には常勤役員を含む　　⑤農協の店舗数は内国為替取扱店舗数　　⑥ゆうちょ銀の店舗数は貯金取扱店

特別資料

資　金　量

（単位＝億円、％）

	1980年	90年	2000年	10年	17年	18年	19年	20年	21年
都　銀	1,043,141	3,519,095	2,483,633	2,814,023	4,051,554	4,206,487	4,447,997	4,640,900	5,065,264
	28.9	33.6	22.1	25.7	29.7	30.0	30.9	31.5	31.9
長　信　銀	234,243	661,606	392,061	–	–	–	–	–	–
	6.5	6.3	3.5						
信　託　銀	321,962	1,296,508	1,399,201	1,182,384	1,571,052	1,597,402	1,625,291	1,620,082	1,726,845
	8.9	12.4	12.4	10.8	11.5	11.4	11.3	11.0	10.9
その他銀行	–	–	–	202,290	262,612	287,985	308,511	345,110	402,987
				1.8	1.9	2.1	2.1	2.3	2.5
地　銀	574,153	1,570,825	1,751,270	2,075,477	2,549,847	2,625,827	2,687,066	2,783,365	3,060,518
	15.9	15.0	15.6	19.0	18.7	18.8	18.7	18.9	19.3
第二地銀	253,201	549,327	598,696	567,701	657,857	668,286	655,115	624,209	675,215
	7.0	5.3	5.3	5.2	4.8	4.8	4.5	4.2	4.2
信　金	314,083	750,795	1,020,320	1,173,805	1,378,999	1,409,643	1,434,794	1,452,677	1,557,716
	8.7	7.2	9.1	10.7	10.1	10.1	10.0	9.8	9.8
信　組	80,100	198,617	191,966	167,335	199,312	203,324	207,219	211,722	224,048
	2.2	1.9	1.7	1.5	1.5	1.5	1.4	1.4	1.4
労　金	26,155	65,660	111,791	160,429	185,214	189,625	195,936	201,713	212,129
	0.7	0.6	1.0	1.5	1.4	1.4	1.4	1.4	1.3
農　協	244,253	510,722	702,556	844,774	984,198	1,013,018	1,032,245	1,041,244	1,068,900
	6.8	4.9	6.2	7.7	7.2	7.2	7.2	7.1	6.7
ゆうちょ銀	513,819	1,345,723	2,602,932	1,757,977	1,794,346	1,798,827	1,809,991	1,830,047	1,895,934
	14.3	12.9	23.1	16.1	13.2	12.8	12.6	12.4	11.9
合　計	3,605,110	10,468,878	11,254,426	10,946,195	13,634,991	14,000,424	14,403,657	14,751,069	15,889,556

融　資　量

（単位＝億円、％）

	1980年	90年	2000年	10年	17年	18年	19年	20年	21年
都　銀	771,718	2,534,649	2,422,242	2,084,722	2,548,488	2,510,829	2,679,333	2,775,777	2,818,159
	35.1	41.5	39.0	36.8	37.4	36.1	37.4	37.6	36.8
長　信　銀	168,869	522,021	340,477	–	–	–	–	–	–
	7.7	8.6	5.5						
信　託　銀	209,049	625,768	464,984	379,020	496,070	504,257	421,160	422,331	428,241
	9.5	10.2	7.5	6.7	7.3	7.2	5.9	5.7	5.6
その他銀行	–	–	–	100,579	165,615	193,782	210,784	231,948	257,344
				1.8	2.4	2.8	2.9	3.1	3.4
地　銀	414,552	1,131,744	1,345,082	1,549,673	1,931,075	2,010,128	2,098,503	2,208,045	2,309,655
	18.9	18.5	21.7	27.4	28.3	28.9	29.3	29.9	30.1
第二地銀	200,214	446,845	505,738	434,891	507,987	523,824	521,614	493,350	527,275
	9.1	7.3	8.1	7.7	7.5	7.5	7.3	6.7	6.9
信　金	245,642	538,005	687,159	641,573	690,130	709,346	719,560	726,667	783,855
	11.2	8.8	11.1	11.3	10.1	10.2	10.0	9.8	10.2
信　組	64,335	151,618	142,433	94,023	106,305	110,608	114,904	118,548	126,279
	2.9	2.5	2.3	1.7	1.6	1.6	1.6	1.6	1.6
労　金	17,777	31,415	73,830	112,183	122,243	127,446	135,563	142,011	146,374
	0.8	0.5	1.2	2.0	1.8	1.8	1.9	1.9	1.9
農　協	103,314	123,542	215,586	227,148	203,866	205,040	207,386	211,752	217,282
	4.7	2.0	3.5	4.0	3.0	2.9	2.9	2.9	2.8
ゆうちょ銀	2,047	6,164	9,793	40,225	40,641	61,455	52,974	49,617	46,917
	0.1	0.1	0.2	0.7	0.6	0.9	0.7	0.7	0.6
合　計	2,197,517	6,111,771	6,207,324	5,664,037	6,812,420	6,956,715	7,161,781	7,380,046	7,661,381

①上段は資金量、融資量。下段は業態合計に占める割合。資金量には債券、信託勘定等を含み、譲渡性預金は含まない
②信託銀（2021年）は、三菱ＵＦＪ信託銀、みずほ信託銀、三井住友信託銀、野村信託銀、SMBC信託銀
③その他銀行（2021年）は、新生銀、あおぞら銀、ジャパンネット銀（現PayPay銀）、セブン銀、ソニー銀、楽天銀、住信SBIネット銀、auじぶん銀、イオン銀、大和ネクスト銀、ローソン銀、オリックス銀、GMOあおぞらネット銀、SBJ銀

全国銀行主要計数（2021年3月末）

銀行名	資金量（億円）	融資量（億円）	自己資本比率（%）	総資金利ざや（%）	銀行名	資金量（億円）	融資量（億円）	自己資本比率（%）	総資金利ざや（%）
み ず ほ	1,282,790	820,745	＊ 11.11	▲ 0.01	足 利	65,519	49,436	9.43	0.32
三 菱 Ｕ Ｆ Ｊ	1,822,399	884,470	＊ 11.17	▲ 0.03	常 陽	97,055	68,561	11.48	0.36
三 井 住 友	1,346,855	819,377	＊ 13.98	0.34	筑 波	24,044	18,146	9.14	▲ 0.02
り そ な	456,892	211,710	10.85	0.11	武 蔵 野	45,917	38,023	8.19	0.18
埼 玉 り そ な	156,326	81,692	14.45	0.11	千 葉	141,045	112,064	＊ 12.79	0.34
三 菱 UFJ 信 託	513,544	37,032	＊ 17.99	0.59	千 葉 興 業	27,816	22,976	8.31	0.05
み ず ほ 信 託	339,972	39,099	＊ 28.94	0.51	き ら ぼ し	49,904	39,380	8.47	0.12
三 井 住 友 信 託	804,974	324,960	＊ 10.64	0.39	横 浜	162,403	121,328	＊ 13.66	0.32
野 村 信 託	34,752	9,101	19.00	0.26	第 四 北 越	82,234	49,596	9.56	0.02
旧 ジャパンネット	12,168	2,472	14.92	1.36	山 梨 中 央	33,900	19,924	12.26	0.17
セ ブ ン	7,848	243	54.59	2.10	八 十 二	76,707	55,875	＊ 20.69	0.15
ソ ニ ー	28,393	24,015	8.00	0.19	北 陸	72,770	50,333	9.14	0.31
楽 天	57,655	18,956	10.50	0.63	富 山	4,868	3,639	8.16	0.01
住 信 SBI ネット	62,938	45,667	8.23	0.65	北 国	39,764	26,339	＊ 13.04	0.12
au じ ぶ ん	18,946	13,964	8.60	1.52	福 井	26,749	18,010	8.09	0.23
イ オ ン	40,168	24,026	9.76	0.38	静 岡	111,519	93,272	＊ 16.56	0.29
大 和 ネ ク ス ト	44,103	16,201	43.50	0.33	ス ル ガ	32,504	23,109	12.13	0.94
ロ ー ソ ン	510	1	14.21	▲ 0.16	清 水	14,942	12,111	8.79	0.13
オ リ ッ ク ス	22,267	22,300	10.95	1.81	大 垣 共 立	55,431	43,207	8.01	0.12
GMO あおぞらネット	1,747	528	40.04	▲ 0.05	十 六	60,897	45,098	9.35	0.19
新 生	62,128	51,609	13.26	0.75	三 重	18,105	14,708	7.77	▲ 0.07
あ お ぞ ら	38,211	29,183	11.13	0.03	百 五	53,879	39,883	10.11	0.18
S B J	8,173	8,173	10.51	1.57	滋 賀	54,039	40,202	＊ 17.19	0.17
北 海 道	54,651	40,317	8.88	0.29	京 都	79,961	60,692	11.24	0.27
青 森	27,140	18,563	9.09	0.17	関 西 み ら い	74,123	66,784	8.21	0.08
み ち の く	21,100	17,212	7.70	0.21	池 田 泉 州	54,203	43,115	8.82	0.19
秋 田	29,080	18,394	11.62	0.14	南 都	54,526	38,081	9.15	0.16
北 都	13,367	8,748	10.59	0.16	紀 陽	44,232	32,835	9.75	0.32
荘 内	12,625	8,704	9.75	0.57	但 馬	11,270	9,099	7.99	0.18
山 形	25,810	17,481	10.38	0.15	鳥 取	9,553	8,293	8.12	0.00
岩 手	32,057	19,043	11.44	0.12	山 陰 合 同	44,523	35,839	11.97	0.38
東 北	8,970	6,318	9.05	0.10	中 国	75,113	51,444	＊ 13.44	0.07
七 十 七	83,272	50,974	10.14	0.21	広 島	83,683	65,408	9.88	0.33
東 邦	57,908	37,894	8.85	0.03	山 口	53,501	43,742	＊ 15.61	0.53
群 馬	77,527	57,496	＊ 12.74	0.28	阿 波	30,944	20,842	10.86	0.26

銀 行 名	資金量 (億円)	融資量 (億円)	自己資本比率 (％)	総資金利ざや (％)
百 十 四	44,476	30,429	8.88	0.15
伊 予	59,831	49,993	＊ 14.65	0.25
四 国	28,489	18,766	8.77	0.14
福 岡	124,207	112,822	9.23	0.42
筑 邦	7,764	5,386	7.84	0.20
佐 賀	27,041	20,249	8.11	0.11
十 八 親 和	52,557	41,307	10.21	0.16
肥 後	50,505	38,349	10.34	0.27
大 分	32,043	19,129	10.01	0.21
宮 崎	28,037	21,577	8.28	0.47
鹿 児 島	44,713	38,144	10.60	0.26
琉 球	24,573	17,987	8.60	0.14
沖 縄	23,474	17,204	10.30	0.34
西日本シティ	90,755	83,187	9.58	0.32
北 九 州	11,031	12,572	11.21	0.26
北 洋	99,083	74,244	12.07	0.09
き ら や か	12,724	10,100	8.09	0.19
北 日 本	13,925	9,505	8.88	0.21
仙 台	10,187	8,367	8.34	0.21
福 島	7,631	5,629	7.51	0.07
大 東	7,474	5,898	10.12	0.09
東 和	21,053	15,054	10.51	0.18
栃 木	29,259	19,629	11.63	0.12
京 葉	49,297	38,756	11.25	0.21
東 日 本	18,568	16,646	7.58	0.05
東 京 ス タ ー	17,474	15,707	10.70	▲ 0.12
神 奈 川	4,799	3,834	9.78	0.25
大 光	14,251	10,816	8.94	0.18
長 野	10,520	6,424	9.80	0.36
富 山 第 一	12,271	8,615	12.01	0.21
福 邦	4,367	3,131	8.12	0.07
静 岡 中 央	6,891	5,666	11.38	0.35
愛 知	32,254	25,355	9.81	0.12
名 古 屋	39,496	31,706	＊ 13.73	0.00
中 京	18,974	15,355	8.33	0.10

銀 行 名	資金量 (億円)	融資量 (億円)	自己資本比率 (％)	総資金利ざや (％)
第 三	19,060	13,404	8.99	0.10
み な と	36,951	29,074	7.93	▲ 0.04
島 根	4,716	3,104	7.12	0.22
ト マ ト	12,032	9,897	8.32	0.15
も み じ	31,760	23,320	10.66	0.43
西 京	16,330	13,315	8.02	0.52
徳 島 大 正	21,087	17,424	8.02	0.36
香 川	17,236	13,503	9.63	0.36
愛 媛	21,693	17,655	7.92	0.36
高 知	10,086	7,502	9.43	0.19
福 岡 中 央	5,051	4,284	9.19	0.35
佐 賀 共 栄	2,463	1,961	8.44	0.46
長 崎	2,460	2,630	8.33	0.23
熊 本	15,786	18,815	9.73	0.41
豊 和	5,522	4,146	8.71	0.28
宮 崎 太 陽	7,016	5,224	9.60	0.13
南 日 本	7,762	5,908	8.52	0.38
沖 縄 海 邦	7,685	5,655	8.33	0.11

注：①資金量は譲渡性預金を含まない
　　②大手行の資金量には債券を含むところがある
　　③信託銀行の資金量には信託勘定を含む
　　④信託銀行以外の銀行でも信託勘定を含む場合がある
　　⑤自己資本比率に＊印がついている場合は国際基準（普通株式等 Tier1 比率）で連結ベース。無印は国内基準で単体ベース
　　⑥総資金利ざやは原則、全店ベース。信託銀行、インターネット専業銀行、新設銀行の一部は資金運用利回りと資金調達利回りの差から算出。▲印はマイナス

全国信用金庫主要計数（2021年3月期）

信用金庫名	資金量(億円)	融資量(億円)	自己資本比率(%)	総資金利ざや(%)	信用金庫名	資金量(億円)	融資量(億円)	自己資本比率(%)	総資金利ざや(%)
北海道	11,467	6,471	17.15	0.05	宮城第一	1,339	737	8.46	0.03
室蘭	3,657	1,525	22.46	0.07	石巻	2,025	777	28.53	0.12
空知	3,186	1,462	16.59	0.15	仙南	2,172	1,054	10.75	0.22
苫小牧	4,861	2,380	20.53	0.27	気仙沼	1,322	507	30.48	0.01
北門	2,895	1,218	13.79	0.12	会津	2,095	974	17.48	0.23
伊達	1,683	604	12.19	0.12	郡山	2,211	1,029	13.70	0.00
北空知	1,388	746	10.09	0.36	白河	2,412	1,002	20.18	0.09
日高	1,477	845	15.11	0.15	須賀川	2,313	1,084	10.34	0.04
渡島	1,925	1,282	10.18	0.53	ひまわり	2,569	997	10.18	0.05
道南うみ街	2,895	1,288	15.11	0.07	あぶくま	2,955	930	32.73	0.18
旭川	9,373	3,367	17.73	0.17	二本松	1,394	571	12.81	0.12
稚内	4,541	821	57.29	▲0.17	福島	4,250	1,886	12.49	0.16
留萌	2,296	1,126	14.14	0.29	高崎	5,083	2,338	10.98	0.14
北星	2,816	1,097	15.69	0.24	桐生	5,412	3,283	9.72	0.10
帯広	8,106	3,492	17.33	0.10	アイオー	3,196	1,908	9.62	0.17
釧路	2,497	1,076	12.30	0.04	利根郡	1,851	933	9.72	0.31
大地みらい	3,802	1,329	26.05	▲0.09	館林	1,320	720	10.89	0.13
北見	5,433	1,968	19.14	0.06	北群馬	1,629	1,051	11.04	0.21
網走	3,017	1,087	29.92	0.17	しののめ	10,221	4,639	7.73	0.19
遠軽	3,519	1,706	18.81	0.17	足利小山	3,188	1,533	10.07	0.09
東奥	1,808	853	14.71	0.25	栃木	2,783	1,198	5.68	0.09
青い森	6,413	2,415	10.75	0.11	鹿沼相互	2,195	1,060	7.75	0.15
秋田	1,337	719	12.75	0.21	佐野	1,160	528	10.08	0.13
羽後	1,441	731	14.76	0.30	大田原	1,276	788	12.20	0.29
山形	1,312	823	10.61	0.28	烏山	1,914	707	10.64	0.08
米沢	1,526	683	15.04	0.36	水戸	11,695	4,581	8.74	0.24
鶴岡	2,093	850	26.99	0.15	結城	3,891	1,461	13.10	0.23
新庄	756	416	12.15	0.45	埼玉縣	30,166	18,072	8.66	0.14
盛岡	2,532	1,284	8.44	0.17	川口	9,070	4,895	10.62	0.15
宮古	696	297	42.28	▲0.02	青木	8,021	4,279	7.23	0.18
一関	2,334	1,004	10.59	0.11	飯能	13,360	5,793	13.60	0.31
北上	987	521	13.73	0.10	千葉	11,350	5,999	8.42	0.16
花巻	946	415	17.72	0.08	銚子	5,225	1,469	10.75	0.11
水沢	1,356	506	12.08	0.28	東京ベイ	5,755	3,616	9.00	0.20
杜の都	5,776	3,333	9.93	0.23	館山	1,595	808	15.05	0.25

特別資料

278

信用金庫名	資金量 (億円)	融資量 (億円)	自己資本比率 (%)	総資金利ざや (%)	信用金庫名	資金量 (億円)	融資量 (億円)	自己資本比率 (%)	総資金利ざや (%)
佐　　　　原	2,230	906	13.40	0.04	新　発　田	859	397	17.40	0.17
横　　　　浜	20,121	11,378	10.27	0.09	柏　　　崎	988	478	12.87	0.19
か　な　が　わ	12,887	5,946	7.59	0.07	上　　　越	2,151	725	12.95	0.05
湘　　　　南	12,544	7,265	5.44	0.14	新　　　井	1,121	419	12.09	0.28
川　　　　崎	21,862	12,864	12.07	0.05	村　　　上	851	388	24.47	0.10
平　　　　塚	5,659	2,292	11.22	0.04	加　　　茂	820	371	13.56	0.07
さ　が　み	8,344	3,492	9.36	0.04	甲　　　府	5,053	2,107	16.18	0.17
中　　　　栄	4,380	1,792	16.44	0.23	山　　　梨	4,663	1,796	10.97	0.12
中　　　　南	3,286	959	12.55	0.18	長　　　野	8,482	3,466	25.39	0.15
朝　　　　日	20,828	14,590	8.95	0.30	松　　　本	4,265	2,016	14.52	0.12
興　　　　産	3,824	2,431	10.00	0.18	上　　　田	2,768	1,457	15.12	0.09
さ　わ　や　か	15,821	9,267	8.16	0.16	諏　　　訪	4,072	1,814	22.65	0.17
東京シティ	7,876	5,279	8.12	0.31	飯　　　田	5,824	2,576	18.02	0.35
芝	11,939	5,749	10.40	0.16	アルプス中央	3,320	1,312	11.06	0.07
東　京　東	20,753	11,289	11.14	0.13	富　　　山	4,257	1,939	16.12	0.12
東　　　　栄	1,389	683	11.62	0.38	高　　　岡	3,886	1,791	12.39	0.17
亀　　　　有	6,131	2,900	15.88	0.09	新　　　湊	850	238	16.89	0.07
小　松　川	1,603	957	9.76	0.29	に　い　か　わ	1,749	713	8.73	0.04
足　立　成　和	5,582	2,926	9.16	0.18	氷　見　伏　木	914	250	16.37	0.09
東　京　三　協	1,650	1,124	8.59	0.14	砺　　　波	869	394	11.86	0.03
西　　　　京	7,047	4,021	10.97	0.30	石　　　動	561	266	17.58	0.18
西　　　　武	22,233	15,759	11.92	0.48	金　　　沢	5,046	2,104	10.31	0.08
城　　　　南	39,309	23,531	9.96	0.09	の　と　共　栄	3,254	1,819	13.34	0.10
昭　　　　和	4,465	2,002	11.26	0.00	は　く　さ　ん	3,037	1,735	7.83	0.13
目　　　　黒	1,870	1,011	10.98	0.10	興　　　能	2,434	1,198	15.79	0.00
世　田　谷	2,441	1,429	7.82	0.08	福　　　井	8,155	3,813	17.29	0.04
東　　　　京	11,543	7,430	9.29	0.41	敦　　　賀	1,451	497	12.12	0.04
城　　　　北	26,433	12,821	8.12	0.25	小　　　浜	1,050	413	22.00	0.25
瀧　野　川	6,977	3,500	9.67	0.23	越　　　前	1,757	440	16.55	0.27
巣　　　　鴨	19,987	9,788	10.23	0.08	しずおか焼津	16,901	8,186	13.66	0.07
青　　　　梅	8,697	5,028	11.20	0.50	静　　　清	8,618	3,878	15.32	0.09
多　　　　摩	31,007	11,945	8.57	0.14	浜松いわた	26,443	13,035	13.89	0.03
新　　　　潟	3,034	1,523	14.47	0.20	沼　　　津	5,518	2,383	15.91	0.14
長　　　　岡	2,161	904	14.33	0.11	三　　　島	9,361	4,672	20.94	0.12
三　　　　条	4,519	2,139	14.02	0.44	富　士　宮	3,750	1,588	21.59	0.19

信用金庫名	資金量(億円)	融資量(億円)	自己資本比率(%)	総資金利ざや(%)	信用金庫名	資金量(億円)	融資量(億円)	自己資本比率(%)	総資金利ざや(%)
島　田　掛　川	9,720	3,483	19.92	0.22	大　阪　厚　生	14,630	6,762	10.79	1.09
富　　　　　士	4,050	1,788	13.30	0.20	大　阪　シ　テ　ィ	26,238	14,349	9.59	0.04
遠　　　　　州	4,701	2,359	11.96	0.23	大　阪　商　工	6,835	4,500	9.74	0.49
岐　　　　　阜	24,837	13,785	9.96	0.06	永　　　　　和	6,496	3,284	10.56	0.19
大　垣　西　濃	7,722	3,516	13.13	0.14	北おおさか	14,782	7,836	11.62	0.12
高　　　　　山	2,388	1,233	9.11	0.09	枚　　　　　方	4,441	2,160	11.77	0.16
東　　　　　濃	11,560	5,645	17.07	0.09	奈　　　　　良	3,659	2,108	8.24	0.31
関	2,716	1,234	14.70	0.23	大　　　　　和	6,701	3,587	10.94	0.24
八　　　　　幡	1,212	346	44.05	0.02	奈　良　中　央	5,352	2,068	15.86	0.31
愛　　　　　知	2,648	1,135	14.99	0.14	新　　　　　宮	1,153	470	24.80	0.15
豊　　　　　橋	9,301	4,284	14.45	0.03	き　の　く　に	11,667	4,190	16.30	0.13
岡　　　　　崎	34,065	17,130	12.55	0.17	神　　　　　戸	4,889	2,403	14.14	0.23
い　　ち　　い	10,665	4,311	11.78	0.05	姫　　　　　路	9,369	5,508	9.35	0.11
瀬　　　　　戸	21,321	10,814	12.96	0.06	播　　　　　州	12,108	7,423	9.19	0.22
半　　　　　田	3,180	1,383	10.24	0.08	兵　　　　　庫	6,966	3,413	10.07	0.07
知　　　　　多	8,631	4,078	10.92	0.06	尼　　　　　崎	27,206	13,454	16.37	0.11
豊　　　　　川	8,531	4,016	10.94	0.11	日　　　　　新	8,044	3,754	11.20	0.23
豊　　　　　田	17,114	8,395	10.47	0.05	淡　　　　　路	6,080	1,936	19.00	▲ 0.02
碧　　　　　海	22,275	11,283	15.32	0.16	但　　　　　馬	4,765	1,812	23.23	0.08
西　　　　　尾	13,467	6,559	17.99	0.18	西　　兵　　庫	5,072	2,157	19.15	0.24
蒲　　　　　郡	13,608	6,119	14.22	0.12	中　　兵　　庫	5,591	1,646	24.65	0.14
尾　　　　　西	4,933	2,044	9.55	0.25	但　　　　　陽	8,818	3,183	16.04	0.09
中　　　　　日	3,388	1,788	10.85	0.24	鳥　　　　　取	1,908	1,077	8.48	0.26
東　　　　　春	3,048	1,418	10.96	0.18	米　　　　　子	1,942	1,238	8.07	0.22
津	1,029	163	24.94	0.05	倉　　　　　吉	843	432	15.94	0.33
北　伊　勢　上　野	4,273	2,235	8.97	0.21	し　　ま　　ね	1,184	688	10.57	0.21
桑　名　三　重	7,729	3,178	13.76	0.10	日　　本　　海	1,099	537	11.39	0.19
紀　　　　　北	904	212	31.99	0.03	島　根　中　央	2,424	1,407	9.31	0.45
滋　賀　中　央	4,897	2,664	9.50	0.10	お　か　や　ま	5,779	2,503	10.62	―
長　　　　　浜	3,408	1,349	17.44	0.57	水　　　　　島	2,480	968	10.33	0.07
湖　　　　　東	2,174	968	12.07	0.16	津　　　　　山	1,470	707	10.61	0.12
京　　　　　都	27,828	17,874	8.41	0.17	玉　　　　　島	3,719	1,686	13.53	0.06
京　都　中　央	49,023	30,255	10.82	0.19	備　　　　　北	1,222	490	16.65	0.15
京　都　北　都	8,038	3,759	9.24	0.06	吉　　　　　備	1,822	655	11.81	0.10
大　　　　　阪	28,236	15,920	10.76	0.40	備　前　日　生	2,327	993	9.60	0.22

信用金庫名	資金量 (億円)	融資量 (億円)	自己資本比率 (%)	総資金利ざや (%)
広島	15,694	10,199	13.12	0.09
呉	7,805	4,423	11.67	0.10
しまなみ	3,800	1,506	9.14	0.00
広島みどり	984	368	17.94	0.29
萩山口	2,162	968	11.37	0.05
西中国	5,425	2,789	8.69	0.02
東山口	2,218	960	10.53	0.06
徳島	2,172	973	9.43	0.42
阿南	1,029	597	8.69	0.34
高松	4,647	2,254	11.14	0.16
観音寺	3,411	1,589	20.36	0.49
愛媛	6,585	3,206	20.73	0.19
宇和島	1,101	689	8.54	0.24
東予	1,040	503	14.44	0.19
川之江	850	412	20.49	0.14
幡多	1,589	876	20.45	0.26
高知	7,999	666	41.76	0.51
福岡	1,240	900	7.36	0.22
福岡ひびき	7,560	3,916	11.58	0.34
大牟田柳川	1,995	945	15.18	0.23
筑後	1,718	1,037	17.92	0.21
飯塚	2,736	1,549	16.72	0.49
田川	695	287	9.27	0.12
大川	1,513	674	17.03	0.08
遠賀	2,407	1,314	15.92	0.52
唐津	905	527	8.24	0.27
佐賀	1,364	651	10.49	0.17
伊万里	917	578	11.85	0.15
九州ひぜん	1,550	837	9.29	0.18
たちばな	1,405	837	8.32	0.16
熊本	1,761	1,014	10.25	0.20
熊本第一	3,039	1,656	9.24	0.36
熊本中央	2,048	1,045	9.28	0.32
天草	1,407	678	18.05	0.30
大分	2,336	988	22.57	0.05

信用金庫名	資金量 (億円)	融資量 (億円)	自己資本比率 (%)	総資金利ざや (%)
大分みらい	4,224	2,082	12.91	0.13
日田	445	235	8.15	0.10
宮崎第一	2,343	1,221	10.46	0.21
延岡	708	352	11.06	0.15
高鍋	2,691	1,063	13.10	0.19
鹿児島	3,333	2,232	8.24	0.38
鹿児島相互	6,015	3,873	7.80	0.25
奄美大島	846	515	15.36	0.26
コザ	2,323	1,611	7.99	0.38

地域銀行の持ち株会社

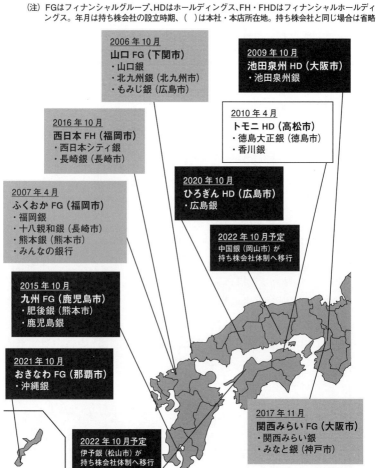

地方銀行のみ　　□ 第二地方銀行のみ

地銀＋第二地銀

(注) FGはフィナンシャルグループ、HDはホールディングス、FH・FHDはフィナンシャルホールディングス。年月は持ち株会社の設立時期、（　）は本社・本店所在地。持ち株会社と同じ場合は省略

2006年10月
山口FG（下関市）
・山口銀
・北九州銀（北九州市）
・もみじ銀（広島市）

2009年10月
池田泉州HD（大阪市）
・池田泉州銀

2016年10月
西日本FH（福岡市）
・西日本シティ銀
・長崎銀（長崎市）

2010年4月
トモニHD（高松市）
・徳島大正銀（徳島市）
・香川銀

2007年4月
ふくおかFG（福岡市）
・福岡銀
・十八親和銀（長崎市）
・熊本銀（熊本市）
・みんなの銀行

2020年10月
ひろぎんHD（広島市）
・広島銀

2022年10月予定
中国銀（岡山市）が
持ち株会社体制へ移行

2015年10月
九州FG（鹿児島市）
・肥後銀（熊本市）
・鹿児島銀

2021年10月
おきなわFG（那覇市）
・沖縄銀

2017年11月
関西みらいFG（大阪市）
・関西みらい銀
・みなと銀（神戸市）

2022年10月予定
伊予銀（松山市）が
持ち株会社体制へ移行

特別資料

2022年4月予定
プロクレア HD（青森市）
・青森銀
・みちのく銀
2024年に青森銀とみちのく銀は
合併予定

2018年10月
第四北越 FG（新潟市）
・第四北越銀

2009年10月
フィデア HD（仙台市）
・北都銀（秋田市）
・荘内銀（鶴岡市）
2022年10月、東北銀（盛岡市）と
経営統合予定

2003年9月
ほくほく FG（富山市）
・北陸銀
・北海道銀（札幌市）

2012年10月
じもと HD（仙台市）
・きらやか銀（山形市）
・仙台銀

2014年10月
東京きらぼし FG（東京都）
・きらぼし銀
2022年1月にデジタルバンク「UI銀行」
開業予定

2016年4月
コンコルディア FG（東京都）
・横浜銀（横浜市）
・東日本銀

2008年4月
めぶき FG（東京都）
・足利銀（宇都宮市）
・常陽銀（水戸市）

2021年10月
北国 FHD（金沢市）
・北国銀

2021年10月
十六 FG（岐阜市）
・十六銀

2022年10月予定
静岡銀（静岡市）が
持ち株会社体制へ移行

2018年4月
三十三 FG（松阪市）
・三十三銀（四日市市）

特別資料

283

金融界10大ニュース

「金融界10大ニュース」は、金融総合専門紙『ニッキン』（日本金融通信社発行）読者が関心を持ったその年の出来事。金融・経済の流れを変えた分岐点、世界を揺るがした危機などが見て取れる。

2020年

順位	ニュース	得票率(%)
1位	株価、29年半ぶり高値	88.2
2位	東証、システム障害で売買停止	88.2
3位	初の緊急事態宣言	87.6
4位	WHO、パンデミック宣言	86.8
5位	「ドコモ口座」などで不正出金	81.3
6位	菅新政権が発足	77.2
7位	民間金融も無利子・無担保融資	74.0
8位	日銀、「特別当座預金」導入へ	48.8
9位	"脱ハンコ"広がる	44.6
10位	地域銀再編、独禁法に特例	31.8

2019年

順位	ニュース	得票率(%)
1位	「令和」幕開け	88.1
2位	消費税率10%に	87.9
3位	かんぽ、不適切販売	83.2
4位	台風被害、甚大	76.4
5位	2024年に新紙幣	57.5
6位	麻生金融相、金融審報告書の受け取り拒否	54.0
7位	金融検査マニュアル廃止	50.2
8位	FRB、10年ぶり金利引き下げ	43.2
9位	FATF、対日審査に着手	37.8
10位	SBIグループ、第4のメガバンク構想	32.3

2018年

順位	ニュース	得票率（%）
1位	スルガ銀、組織的不正融資で処分	88.4
2位	仮想通貨580億円流出	68.7
3位	銀行間振り込み、24時間365日実現	60.3
4位	大規模な自然災害　相次ぐ	53.7
5位	平均株価、27年ぶり高値	53.3
6位	働き方改革関連法成立	43.0
7位	LINE、金融業に参入	42.8
8位	つみたてNISAスタート	42.7
9位	佐川国税庁長官が引責辞任	39.1
10位	民法改正、成年年齢18歳に	37.7

2017年

順位	ニュース	得票率（%）
1位	平均株価、史上初16連騰	81.5
2位	商工中金、危機対応融資で不正	80.6
3位	みずほFG、1万9,000人削減	79.5
4位	衆院選、与党圧勝	64.3
5位	東芝、異例の決算発表	64.1
6位	つみたてNISA受け付け開始	51.1
7位	iDeCo、加入対象拡大	47.5
8位	金融庁、検査局を廃止	47.2
9位	金融庁、金融レポートで警鐘	43.8
10位	顧客本位の原則を最終化	41.3

2016年

順位	ニュース	得票率（%）
1位	日銀、マイナス金利を導入	97.2
2位	次期米大統領にトランプ氏	94.1
3位	英、EU離脱決定	84.0
4位	熊本地震が発生	68.4
5位	消費増税、再延期	54.1
6位	金融庁がベンチマーク	52.4
7位	パナマ文書流出	47.4
8位	日銀、金融政策を量から金利へ	43.4
9位	偽造カードで18億円引き出し	39.5
10位	広島東洋カープ、25年ぶりリーグ優勝	37.4

特別資料

整理・削除項目（2019〜2021年版掲載分）

本書は第33版となりますが、各版の作成にあたり、時宜にかなった200項目を厳選、掲載しています。下記の項目は2021年版、2020年版、2019年版に掲載しましたが、次版で整理・削除したものです。2022年版と併せてご活用下さい。

■2021年版掲載、2022年版整理・削除

ビッグデータ	マイナポイント事業	アルムナイ活用
AIスコアレンディング	中間持ち株会社	年金財政検証
IoT	GABV・JPBV	リース会計基準
ユニコーン・デカコーン	超低金利環境と副作用	金融リテラシー
ギグエコノミー	香港、一国二制度 崩壊危機	日本型金融排除
NPS	米中貿易対立激化	TLAC
M&A	婚活支援	総合取引所
ニンジャローン	グリーンスワンと金融危機	インサイダー取引
プライベートバンキング	CSR	成長戦略会議
資産運用の高度化	働き方改革	政策金融機関
ワンコイン投資	プロセス評価	FATCA
少額短期保険	ダイバーシティ・インクルージョン	デリバティブ
コモディティ投資		CDS
ラップ口座	銀行の服装自由化	ALM

■2020年版掲載、2021年版整理・削除

クラウド会計	コベナンツ条項付き融資	官民ファンド
オープンAPI	電子記録債権担保融資	CLO
ソーシャルファイナンス	地震保険	NDF
電子政府	トンチン保険	店舗の減損処理
モアタイムシステム	健康増進型保険	同一労働・同一賃金
HFT	就業不能保険	のれん償却
アクセラレーター	デビットカード	外国人株主の増加
レグテック	プリペイドカード	電子債権記録機関
インシュアテック	キャッシュレス・ポイント	特殊詐欺
シェアリングエコノミー	還元事業	フォワードガイダンス
短期継続融資	収益率の順序リスク	リバーサルレート

「老後資金2,000万円」問題	IRRBB	LBO
節税保険の規制強化	LCR	なでしこ銘柄
外貨建て保険手数料見直し	CRS	キャッシュアウト
改正入管法	GDPR	FX取引
経済価値のソルベンシー規制	金融規制改革法	CRM
	欧州銀行同盟	EBM
自然災害債務整理ガイドライン	事業再生ADR制度	PBR
	6次産業化	OHR
多重債務問題	ETF	監査法人
ブレグジット	REIT	農協改革

■2019年版掲載、2020年版整理・削除

PFM	共同店舗	一・ルール
電子決済等代行業者	店舗内店舗	大口融資規制
ブロックチェーン	軽量型店舗	ローカルベンチマーク
法定デジタル通貨	DOE（株主資本配当率）	RESAS（地域経済分析システム）
ICO	集団的エンゲージメント	
ロー・バリュー送金	利用分量配当制度	相続時精算課税制度
クラウドファンディング	反社情報照会システム	プライマリーバランス
ソーシャルレンディング	信用リスクデータベース	産業革新投資機構
トランザクション認証	オムニチャネル	ヘッジファンド規制
O&Dビジネス	ソーシャルリスニング	ASEAN経済共同体（AEC）
民事信託	日銀トレード	ABMI（アジア債券市場育成イニシアティブ）
職域営業	独立社外取締役	
特殊（スペシャルティ）保険	無期転換ルール	ボンドコネクト（債券通）
SRIファンド	PPIF	LTRO（長期リファイナンスオペ）
メザニンンファンド	エクエーター原則	
バンクローンファンド	実質実効為替相場	MIFIDⅡ
トータル・エクスペンス・レシオ	ローソン銀行	現在予想信用損失（CECL）
	マイナス金利	ベイルイン
ウェルスマネジメント	期待インフレ率	ISO20022
CDO	テーパリング	アジア開発銀行
金融EDI	マネタイゼーション	雇用保険法
オペレーショナルリスク	金融モニタリング	グリーフケア
プリペイメントリスク	フェア・ディスクロージャ	地域通貨

287

2022 年版 金融時事用語集

2021年12月10日　第33版第1刷発行

発行人／飯田裕彦　編集人／竹生 俊

発行所　　株式会社　金融ジャーナル社

〒102-0074　東京都千代田区九段南4-4-9
電話 03(3261)8826　　FAX 03(3261)8839
https://www.nikkin.co.jp/journal/

定価：本体1,650円(本体1,500円＋税10％)　送料実費

印刷所　　株式会社 北進社

乱丁、落丁本はお取り替えします

ISBN978-4-905782-21-6 C2533　￥1500E